Ein besessener Mann

Alan Edward Nourse

Writat

Diese Ausgabe erschien im Jahr 2023

ISBN: 9789359258300

Herausgegeben von
Writat
E-Mail: info@writat.com

Inhalt

Über den Autor

Nourse wurde in Des Moines, Iowa, geboren und promoviert derzeit in Medizin an der University of Pennsylvania. Zwischendurch hat er es geschafft, sich einen hohen Ruf als Science-Fiction-Autor zu erarbeiten. Seine Geschichten sind in allen führenden Fantasy-Magazinen und vielen Anthologien erschienen. „A MAN OBSESSED", sein neuestes Werk, wird sein dritter Roman sein, der als Buch veröffentlicht wird. Diesbezüglich sagt er;

> „Die Idee entstand aus meiner Erfahrung mit kleinen medizinischen Versuchskaninchen, die ich als Medizinstudent von Zeit zu Zeit gemacht habe. Das Hoffman Medical Center, das ursprünglich als wahrscheinliche Entwicklung in der Zukunft der medizinischen Behandlung und Forschung gedacht war, ist dies nicht." Nach dem Vorbild jeder bestehenden Organisation. Derzeit gibt es jedoch medizinische Söldnerarbeit, um neue Medikamente zu testen, physiologische Wirkungen zu untersuchen und in einigen Fällen ziemlich gefährliche Verfahren zu testen. Für die Teilnahme wird Bargeld bezahlt, und bestimmte Gruppen von Experimenten sind sehr geworden beliebt bei Medizinstudenten als eine sehr einfache, wenn auch etwas riskante Einnahmequelle."

KAPITEL EINS

Jeffrey Meyer lehnte sich in seinem Stuhl zurück und wartete. In der stickigen Luft des Ortes konnte er kaum atmen. Seine Hand umklammerte sein Glas, bis seine Knöchel weiß waren, und seine Lippen kräuselten sich leicht, während er die Menge um ihn herum beobachtete. Sein ganzer Körper war angespannt. Seine unter dem Sitz fest verknoteten Beine waren augenblicklich bereit, sich zu bewegen, und seine Augen wanderten von vorne nach hinten. Es waren hellgraue Augen, die nie stillstanden – sie bewegten sich, beobachteten, warteten. Er hatte so lange gewartet, mit bitterer Geduld gewartet und gejagt. Aber jetzt wusste er, dass das lange Warten zu Ende ging. Er wusste, dass Conroe kommen würde und die Falle war gestellt.

Zum tausendsten Mal an diesem Abend durchlief ihn bei diesem Gedanken ein Schauer kühler Freude. Er wand sich vor Eifer und wagte kaum zu atmen. Mit seiner freien Hand streichelte er den kühlen Plastikgriff der Pistole, die dicht an seiner Seite lag, und ein schmales Lächeln erschien auf seinen dünnen Lippen. Conroe kam ... endlich ... endlich ... Und heute Nacht würde er Conroe töten.

Der Ort um ihn herum war ein Irrenhaus. Vorne im Raum, neben der Straßentür, befand sich eine lange Hufeisenstange. Es war bereits von den ersten Nachtschwärmern überfüllt. Ein Kreischer in der Ecke schmetterte die blecherne, nervöse Musik, die in letzter Zeit so populär geworden war, und ein lautes, hysterisches weibliches Gelächter hallte durch den hinteren Teil des Raumes.

Jeff Meyer rieb sich die Augen und schmerzte wegen des bläulichen Dunstes, der den langen Raum mit der niedrigen Decke erfüllte. Das ungesunde Gelächter brach erneut aus und jemand brach in ein Lied aus, halb kichernd, halb laut.

Am Nebentisch regte sich ein Alkysiki , murmelte etwas Unverständliches und richtete die Nase traurig wieder auf sein Glas. Jeffs Blick huschte angewidert über den Mann. Der dürre Hals, der schlaffe Kiefer, der idiotische, fast unirdische Ausdruck der Aufmerksamkeit auf dem geistlosen Gesicht: ein typisches Bild dieses Typs. Jeff beobachtete ihn einen Moment lang angewidert, dann richtete er seinen Blick weiter und beobachtete immer noch, wie ihm ein Anflug von Besorgnis durch den Kopf ging.

Ein Mädchen, völlig nackt bis auf das Tablett an ihrer Taille, schlenderte an seinem Tisch vorbei, wedelte mit den Hüften und setzte ihr strahlendstes Lächeln auf.

„Einen Nagel einschlagen, Herr?"

"Mach dich vom Acker."

Das Lächeln auf den Lippen des Mädchens kühlte leicht ab. „ Fragen Sie einfach ", jammerte sie. „Du musst nicht –"

"Mach dich vom Acker!" Jeff warf ihr einen giftigen Blick zu und versuchte verzweifelt, seine Aufmerksamkeit nicht vom vorderen Teil des Raumes abzulenken. Es wäre zu viel, jetzt einen Ausrutscher zu machen, mehr, als er ertragen könnte, einen Fehler wie beim letzten Mal zu begehen.

Die Falle war perfekt. Diesmal konnte es *nicht scheitern.* Jeder Schritt des Weges war sorgfältig skizziert und in langen, schlaflosen Nächten voller Besprechungen und Planung geplant worden. Sie hätten all die Jahre keinen Mann wie Conroe jagen können, ohne etwas über ihn zu erfahren – über seine Persönlichkeit, über die Dinge, die er mochte und nicht mochte, die Dinge, die er tat, die Orte, die er besuchte, die Freunde, die er schloss.

Letztes Mal schien es keine Hoffnung mehr zu geben, nachdem Jeffs eigener Fehler es ihm ermöglicht hatte, in der letzten hektischen Minute durch das Netz zu schlüpfen. Alles schien umso hoffnungsloser, als der Mann so vollständig verschwunden war, als wäre er tot. Doch dann hatten sie das Mädchen gefunden – den Schlüssel zu seinem Versteck. Sie bildete das oberste Glied in der langen, sorgfältigen Kette, die von Tag zu Tag enger gezogen wurde und Paul Conroe schließlich immer näher in die Hände des Mannes zog, der ihn töten würde. Und nun war die Falle gestellt; Diesmal konnte es keinen Ausrutscher geben. Vielleicht gibt es nie wieder eine Chance.

Die Straßentür öffnete sich plötzlich, und ein kleiner Mann mit Stierhals und sandfarbenem Haar kam herein. Ihm folgten zwei weitere Männer in gepflegten Geschäftsanzügen. Der erste Mann ging schnell zur Bar, drängte sich durch die Menge und blieb einige Minuten lang stehen und nippte an seinem Bier. Er warf einen genauen Blick auf die Leute an der Bar und an den umliegenden Tischen, bevor er nach hinten ging und sich neben Meyer setzte. Er sah Jeff mit einem undefinierbaren Gesichtsausdruck an, trank sein Bier in einem Zug aus und stellte das Glas mit einem Knall auf die Tischplatte.

"Was ist los?" Sagte Jeff heiser.

„Etwas ist komisch." Die Stimme des rothaarigen Mannes war ein sanfter Bass, und auf seiner rosafarbenen Stirn zeichnete sich ein Stirnrunzeln ab. „Er hätte inzwischen hier sein sollen. Er hat vor einer Stunde das Hotel drüben in Camdentown verlassen, ein privates Dreirad, und ist hierher gefahren."

Jeff beugte sich vor, sein Gesicht wurde weiß. „Hast du jemanden auf der Spur?"

"Ja Ja natürlich." Die Stimme des Mannes war scharf und um seine Augen waren müde Falten. „Beruhige dich, Jeff. Du könntest ihn nicht kriegen, wenn er reinkäme – so wie du bist. Er würde dich in zwei Sekunden entdecken."

Jeffs Hand zitterte, als er sein Glas ergriff, und er lehnte sich angespannt in seinem Stuhl zurück. „Es kann nicht schief gehen, Ted. Es muss klappen."

„Das sollte es. Das Mädchen ist hier und hat gestern Abend eine Nachricht von ihm erhalten."

„Kann man ihr vertrauen?"

Der rothaarige Mann zuckte mit den Schultern. „Sei nicht albern. In diesem Spiel kann man niemandem trauen. Wenn sie genug Angst hat, wird sie mitspielen – okay? Wir haben unser Bestes getan, um ihr Angst zu machen. Wir haben sie zu Tode erschreckt. Vielleicht." Sie hat mehr Angst vor Conroe – ich weiß es nicht. Aber für mich sieht es kalt aus. Auf einem Teller. Also reiß dich zusammen."

„Es muss raus." Jeff knurrte die Worte wild und leerte sein Glas in einem Zug. Der rothaarige Mann blinzelte, seine blassen kleinen Augen waren neugierig. Er lehnte sich nachdenklich zurück. „Angenommen, das ist nicht der Fall, Jeff? Angenommen, etwas geht schief? Was dann?"

Jeffs schwere Hand umklammerte das Handgelenk des Mannes wie in einem Schraubstock. „So redet man nicht", knurrte er. „Deine Männer machen mir nichts aus, aber nicht du – verstehst du? Es kann nicht schief gehen. Das ist alles. Kein Wenn, kein Vielleicht . Hast du das jetzt verstanden?"

Ted rieb sich das Handgelenk, sein Gesicht war rot. „In Ordnung", murmelte er. „ Es kann also nichts schief gehen. Also sollte ich nicht reden, ich sollte keine Fragen stellen. Aber wenn es schief geht, wirst du tot sein. Weißt du das? Weil du dich damit umbringst das-" Er seufzte und starrte Meyer an. „Was ist das wert, Jeff? Dieses ständige Zerreißen? Du bist schon seit Jahren davon besessen. Ich weiß, ich habe die letzten fünf Jahre mit dir zusammengearbeitet und dich beobachtet – fünf lange Jagdjahre. Und Wofür? Um einen Mann zu kriegen und ihn zu töten. Das ist alles. Was ist es wert?"

Jeff holte tief Luft und holte eine Schachtel Zigaretten aus seiner Jacke. „Schlagen Sie einen Nagel ein", sagte er und bot ihm die Packung an. „Und mach dir keine Sorgen um mich. Mach dir keine Sorgen um Conroe. Er ist derjenige, der tot sein wird."

Ted zuckte mit den Schultern und nahm die Zigarette. „Okay. Aber wenn es explodiert, bin ich durch. Denn das ist alles, was ich ertragen kann."

„Nichts wird explodieren. Ich werde ihn holen. Wenn ich ihn jetzt nicht kriege, werde ich ihn beim nächsten Mal kriegen, oder beim nächsten, oder beim nächsten Mal. Mit oder ohne dich, ich werde ihn kriegen." Jeff holte zitternd Luft, seine grauen Augen unter dicken schwarzen Brauen waren kalt. „Aber es sollte beim nächsten Mal besser nicht sein."

Er lehnte sich in seinem Stuhl zurück und sein Gesicht fiel in die Linien, die Ted Bahr so vertraut waren. Jeff Meyer war ein gutaussehender Mann gewesen, bevor die langen Jahre des Hasses an seinem Gesicht gearbeitet hatten. Er war ein riesiger, kräftig gebauter Mann mit schweren Schultern, einem kräftigen Hals und einer geraden Nase sowie einem pechschwarzen Haarschopf , der ordentlich geschnitten war. Nur sein Gesicht zeigte die Bitterkeit der letzten fünf Jahre – Jahre voller Wut und Hass und einer wachsenden Wildheit, die den Mann fast bis zum Zusammenbruch gebracht hatte.

Die Falten um seine Augen und seinen Mund waren grausam – dicke Linien, die sich tief und unauslöschlich in das starke Gesicht eingegraben hatten und ihm im trüben Licht des Bistros einen harten, fast brutalen Eindruck verliehen. Er atmete regelmäßig und langsam, während er saß, aber seine blassen Augen waren eiskalt, als sie langsam über die kleine Ausstellungsfläche wanderten. Sie nahmen jedes Gesicht, jede Bewegung in der wachsenden Menschenmenge auf.

Er war fehl am Platz und er wusste es. Er hatte keine Verwendung für die schwindelerregenden, halb hysterischen Menschen, die sich Nacht für Nacht in diesen raucherfüllten Löchern drängten. Sie kamen in Scharen aus dem Herzen der Stadt, um den wässrigen Gin zu trinken und hektisch an den Schmuggelzigaretten zu ziehen, während sie verzweifelt versuchten, den Dampf und den Druck ihres täglichen Lebens loszuwerden.

Meyer hasste den Geruch und die stickige Atmosphäre; er hasste das laute Gelächter, das idiotische Kichern; er hasste die heulenden Alkoholiker , die die Bars mit ihrem Whisky und ihren seltsamen, überirdischen Traumwelten füllten. Vor allem hasste er die schreckliche, hallende Künstlichkeit, das Messing und den klirrenden Lärm der Menge. Seine Haut kribbelte. Er wusste, dass er unmöglich in einer solchen Menschenmenge verschwinden konnte, dass er so offensichtlich da saß, als wäre er mit roten Punkten bemalt. Und er wusste, dass, wenn Conroe ihn eine Sekunde früher entdeckte, er sich in seinem Stuhl zurücklehnte und um die Kontrolle über seine zitternden Hände kämpfte.

Plötzlich wurde das Licht gedimmt und ein riesiger roter Scheinwerfer fiel auf den Vorhang im hinteren Teil der Ausstellungsfläche. Jeff hörte, wie Bahr einen Moment lang den Atem anhielt und dann einen kleinen, unruhigen Seufzer ausstieß. Die Menge verstummte, als das Mädchen die Vorhänge öffnete und zu einer Fanfare blecherner Musik in die Mitte des Bodens trat. Jeffs Augen weiteten sich, als sie ihr bis zur Mitte der roten Ampel folgten.

"Das ist sie."

Jeff warf Bahr einen scharfen Blick zu. „Das Mädchen? Sie ist die Richtige?"

Bahr nickte. „Conroe weiß, wie man sie auswählt. Er soll sie später treffen. Das ist ihre erste Show an diesem Abend. Dann hat sie um zehn und noch eine um zwei eine weitere. Er soll sie nach Hause bringen." Er blickte sich vorsichtig im Raum um. „Pass auf dich auf", murmelte er und entfernte sich schweigend vom Tisch.

Das Mädchen war nervös. Jeff saß nahe genug, um die Angst in ihrem Gesicht sehen zu können, als sie über den Boden wirbelte. Die Musik hatte sich in einen langsamen, pochenden Unterton verwandelt, als sie zu tanzen begann. Sie bewegte sich langsam und kreiste über den Boden. Ihr Haar war lang und schwarz und floss um ihre Schultern, und ihr Körper bewegte sich mit sorgfältig berechneter Anmut zur Musik. Doch als sie sich umdrehte, war in ihrem Gesicht Angst zu erkennen, und ihr Blick suchte nach den Gesichtern am Rande des Kreises.

Die Musik wurde unmerklich schneller und Jeff spürte, wie ihm ein Schauer über den Rücken lief. Der obere Teil des schimmernden Kleides rutschte von den Schultern des Mädchens, und langsam begann sich das Tempo des Tanzes von dem stattlichen Rhythmus zu ändern, den es noch einen Moment zuvor hatte. Das Pochen der Musik wurde hypnotisch und bewegte sich immer schneller. Jeffs Hände zitterten, als er versuchte, seinen Blick von der wogenden Gestalt abzuwenden. Es gab nichts, was die Veränderung markiert hätte, aber plötzlich war der Tanz mit zunehmender Musik obszön geworden – so bösartig obszön, dass Jeff fast würgte.

Er spürte die Spannung in der Menge um ihn herum. Er hörte, wie ihr Atem anstieg, spürte den verzweifelten Eifer in ihren harten, leuchtenden Augen, während sie zusahen. Die Nervosität war aus dem Gesicht des Mädchens verschwunden. Sie hatte ihre Angst vergessen und ein kleines Lächeln erschien auf ihrem Gesicht, als ihr Körper sich hingebungsvoll im immer schneller werdenden Takt bewegte.

Langsam bewegte sie sich auf die Tische zu, und das Scheinwerferlicht folgte ihr, spielte Streiche mit ihren Haaren und ihrem Kleid, verbarg und enthüllte, drehte und schwankte ... Jeff spürte, wie sein Körper erstarrte. Er kämpfte darum, sich zu bewegen, kämpfte darum, seinen Blick von der sich windenden Gestalt abzuwenden, als sie immer näher kam –

Und dann war sie unter den Leuten, bewegte sich von Tisch zu Tisch, ohne ihre Bewegung zu verlangsamen, anmutig wie eine Katze und drehte und wirbelte im flackernden roten Licht. Sie bewegte sich hin und her, bis sie Jeffs Tisch erreichte, ihr Gesicht unergründlich – eine friedlich lächelnde Maske. Mit erstaunlicher Anmut sprang sie auf die Tischplatte und versetzte Jeffs Glas einen Tritt, der es krachend auf den Boden fallen ließ. Und dann traf ihn das rote Licht mitten ins Gesicht –

„Raus aus dem Licht!"

Wie eine Katze warf er seinen Stuhl zurück, schlug auf das Mädchen ein und warf sie vom Tisch. Jemand schrie und das Licht richtete sich auf das Mädchen und dann wieder auf ihn. Der Tisch ist umgefallen. Er rollte aus dem Licht, wand sich und kämpfte sich durch die fassungslose und schreiende Menge. Seine Waffe hielt er in der Hand und er suchte verzweifelt mit seinen Augen den Schreiraum ab.

„Nimm ihn! Da ist er!"

Er hörte Bahrs Stimme von der Seite des Raumes dröhnen. Als Jeff die Stimme hörte, drehte er sich scharf um. Er sah die große, schlanke Gestalt, die mit dem Rücken zur Bar hockte und die Augen vor Angst und Verzweiflung weit aufgerissen hatte. Das Gesicht, die eingefallenen Wangen und die hohe Stirn, das ergrauende Haar waren unverkennbar. Es war das Gesicht, das er in seinen Träumen gesehen hatte, die verzogenen Lippen, das böse, gruselige Gesicht des Mannes, den er bis ans Ende der Welt gejagt hatte. Für den Bruchteil einer Sekunde sah er Paul Conroe, der sich auf Distanz duckte, und dann war die Gestalt verschwunden und schlängelte sich durch die Menge zur Tür …

"Stopp ihn!" Jeff schwang sich wild in die Menge und schrie Bahr auf der anderen Seite des Raumes an. „Er ist auf dem Weg zur Straße! Holt ihn!" Die Waffe schlug scharf gegen seine Hand, als er auf den sich bewegenden Kopf schoss. Für einen Moment erhob es sich und verschwand dann wieder im Meer der Köpfe. Bei dem Schuss erhob sich ein Schrei. Frauen fielen zu Boden, Gläser zerschmetterten, Tische stürzten um. Jemand griff vergeblich nach Jeffs Bein. Dann gingen plötzlich die Lichter aus und es ertönte ein weiterer Schrei.

„Die Tür, die Tür – lass ihn nicht raus –"

Jeff stürzte zur Seite des Raumes, riss den Notausgang auf und stürzte den dunklen, schmalen Gang hinunter zur Straße. Beim Laufen hörte er Schüsse.

Als er um die Ecke des Gebäudes bog, sah er die große Gestalt durcheinander über die nasse Straße rennen.

„Da ist er! Holt ihn!"

Ted Bahr hing an der Tür. Er schnappte nach Luft, als er sich an die Seite hielt, sein Gesicht war vor Schmerz verzerrt. „Er hat mich geschlagen", keuchte er. „Er ist weggebrochen …" Ein Düsenauto glitt vom Bordstein und heulte die Straße entlang auf die flüchtende Gestalt zu. „Er schafft es nicht – ich habe an jeder Ecke Männer in Autos. Sie werden ihn kriegen, ihn zurückfahren –"

„Aber wohin geht er?" Ein wütender Schluchzer erstickte Jeffs Stimme. „Sie hat uns verraten, die Schlampe. Sie hat mich befingert, als sie ihn reinkommen sah –" Sein ganzer Körper zitterte und die Worte brachen fast zusammenhangslos aus ihm heraus. „Aber er muss wissen, dass die Straßen blockiert sind. Wohin rennt er?"

„Glaubst du, ich bin ein Gedankenleser? Ich weiß es nicht. Es gibt im ganzen Block keine offenen Gebäude außer diesem Ort und dem Hoffman Center. Er kann nirgendwo anders hingehen und er kann den Block nicht verlassen." . Wir haben jeden Fluchtweg fest zugenäht. Er muss hierher zurückkommen, sonst wird er da draußen abgeschossen."

Sie beobachteten die düstere Straße, Tränen der Wut in Jeffs Augen. Seine Hände zitterten unkontrolliert und seine Schultern sackten vor Erschöpfung und Niederlage herab. Die Tür der Taverne war aufgebrochen und die Leute drängten heraus. Jeff und Ted Bahr gingen zurück in die Schatten der Gasse, warteten und lauschten.

„Es muss einen Schuss geben!" Jeff platzte heraus. „Er konnte nicht durchgerutscht sein." Er wandte sich verzweifelt an Bahr. „Könnte er ins Zentrum gegangen sein?"

„Unter welchem Vorwand? Sie würden ihn den Mercy Men vorwerfen – oder der Sprengluke, dem einen oder anderen. Er würde es besser wissen, als es zu versuchen." Der rothaarige Mann ließ sich in die Hocke sinken und hielt sich fest an der Seite fest. „Er wird zurückkommen, sonst hören wir die Schießerei. Er kann nicht durchgeschlüpft sein."

Ein dreirädriges Düsenauto glitt auf den Bordstein, und ein Mann kam mit großen Augen auf sie zu. „Ihn holen?"

Bahr runzelte die Stirn. „Kein Zeichen. Wie wäre es mit den anderen Jungs?"

Der Mann blinzelte. „Kein Flüstern. Er hat nie das Ende des Blocks erreicht."

„Haben Sie sich bei Klett und Barker erkundigt?"

„Sie haben hier unten keine Menschenseele gesehen."

Bahr warf Jeff einen scharfen Blick zu. „Wie wäre es mit den Straßen dahinter? Gibt es dort eine Chance auf einen Durchbruch?"

Die Stimme des Mannes war sachlich. „Es ist luftdicht. Er konnte nicht durchkommen, ohne dass ihn jemand sah." Er trat zurück zum Auto und sprach für einen oder zwei Momente schnell in den Lautsprecher. "Noch nichts."

„Verdammt. Wie wäre es mit Howie und den Jungs drinnen?"

„Auch nichts von ihnen."

Jeffs Gesicht verfinsterte sich. „Das Hoffman Center", sagte er langsam. „Er ist irgendwie ins Zentrum gekommen. Das muss er getan haben."

„Er müsste über einen erstklassigen medizinischen Abschluss verfügen, um nach Feierabend reinzukommen. Dort wird nicht herumgealbert. Und was würde es ihm bringen?"

Jeff blickte Bahr in der Dunkelheit an. „Vielleicht wollte er den Mercy Men vorgeworfen werden. Vielleicht hat er sich gedacht, dass er als letzten Ausweg freiwillig reingeht und einen Angriff auf die Big Cash macht."

Bahr starrte den großen Mann entsetzt an. „Schau – Conroe ist vielleicht verzweifelt, aber er hat nicht den Verstand verloren. Mein Gott, Mann! Er ist nicht verrückt."

„Aber er hat Angst."

„ Natürlich hat er Angst, aber-"

„Wie viel Angst?"

Bahr zuckte wütend mit den Schultern. „Er müsste schon in den letzten Zügen sein, um ein solches Wagnis eingehen zu können."

„Aber sie würden ihn mitnehmen. Sie würden keine Fragen stellen. Sie würden ihn verschlingen; *sie würden ihn verstecken* , ob sie es wussten oder nicht." Jeffs Stimme schwoll vor Aufregung an. „Sehen Sie. Wir haben ihn jahrelang gejagt. Wir haben uns nie ausgeruht, wir haben nie aufgegeben. Er weiß das und er weiß warum. Er kennt mich. Er weiß, dass ich nicht aufgeben werde, bis ich ihn habe." Und er weiß, dass ich ihn früher oder später kriegen werde. Ich komme ihm zu nahe, ich untergrabe seine Freunde, ich komme ihm immer näher. Wohin er auch geht, was immer er tut, ich bin auf ihn los. Und er weiß es Wenn ich ihn bekomme, wird er sterben. Was bedeutet das?

Bahr blinzelte schweigend. Jeffs Gesicht verhärtete sich. „Nun, ich sage Ihnen, worauf es hinausläuft. Ein Mann kann so viel aushalten. Er kann rutschen und sich drehen und verstecken und so lange in Bewegung bleiben. Dann stellt er fest, dass es keine Verstecke mehr gibt. Aber es gibt sie Ein letzter Ort, an den sich ein Mann verstecken kann – wenn er wirklich am Ende seiner Kräfte ist – und das sind die Mercy Men. Denn dort könnte er verschwinden, als hätte er nie existiert."

Ted Bahr zündete sich vorsichtig eine Zigarette an. „Wenn er dorthin gegangen ist, sind wir durch, Jeff. Wir werden ihn nie kriegen. Wir müssen uns nicht einmal darum kümmern, es zu versuchen. Denn wenn er dorthin gegangen ist, wird er nie wieder herauskommen."

„Einige von ihnen tun es."

Bahr grunzte. „Eins zu einer Million vielleicht. Die Wahrscheinlichkeit ist so groß, dass es keinen Sinn macht, darüber nachzudenken. Wenn Paul Conroe zu den Mercy Men gegangen ist, dann ist er tot. Und das ist es."

Jeff steckte seine Waffe scharf wieder in die Tasche und ging zum Auto am Straßenrand. „Lassen Sie Ihre Männer dort, wo sie sind", sagte er zu Bahr. „Lassen Sie sie für den Rest der Nacht dort. Wenn er ein Schlupfloch gefunden hat, möchte ich es wissen. Wenn er in den Gebäuden versteckt ist, muss er irgendwann herauskommen. Beauftragen Sie ein paar Männer, die Dächer zu durchsuchen, und Sie und Ich kann in den Gassen anfangen. Wenn er da draußen ist, kriegen wir ihn." Er straffte seine Schultern und das mürrische Feuer war wieder in seinen Augen – ein wütendes, bitteres Feuer. „Und wenn er ins Zentrum gegangen ist, kriegen wir ihn trotzdem."

Bahrs Augen waren groß. „Er wird nie herauskommen, wenn er dort ist, wo du denkst, Jeff. Wir könnten Wochen, Monate oder sogar Jahre warten, und wir würden es immer noch nicht wissen. Selbst wenn er herauskäme, würden wir ihn vielleicht nie wiedererkennen."

„Ich werde ihn erkennen", knurrte Jeff und blickte in Bahrs Gesicht. „Ich werde ihn töten. Ich werde wissen, dass er tot ist, weil ich ihn sterben sehen werde. Und ich werde ihn töten, wenn ich ihm dazu ins Zentrum folgen muss."

KAPITEL ZWEI

Der Nachrichtenbericht dröhnte Jeff Meyer aus dem kleinen Autoradio ins Ohr. Die Worte drangen durch, aber er hörte sie kaum, während seine Augen auf die riesigen Glastüren des Verwaltungsgebäudes des Hoffman Medical Center blickten.

> ... Es ist noch keine Nachricht eingegangen, aber man geht davon aus, dass die eurasischen Regierungen möglicherweise noch mehrere Stunden lang tagen, um die Inflation einzudämmen. An der Heimatfront ebnete sich der Absturz an den Aktienmärkten, der gestern aus dem neuen Steuergesetz des Senats resultierte, ab, als der Wirtschaftsminister heute Morgen ankündigte, dass die Regierung ihre Versuche, das neue Gesetz durchzusetzen, zumindest vorerst aufgeben werde . Minister Barnes erklärte, dass eine weitere Prüfung des Gesetzentwurfs durchgeführt werde, sobald dringendere Regierungsprobleme geklärt seien –

Jeff schaltete knurrend den Schalter aus. Die Straße, die am Zentrum vorbeiführte, war überfüllt. Von den riesigen Parkdecks im Zentrum strömten Schlangen von Autos in den Verkehrsstrom hinein und aus ihm heraus. Das Gebäude erhob sich in die Höhe, eine Etage nach der anderen. Seine Wände schimmerten weiß im hellen Morgensonnenlicht und reflektierten brillante Facetten goldenen Lichts aus Tausenden polierter Fenster.

Es war ein riesiges Gebäude, das sich über sechs perfekt angelegte Stadtblöcke erstreckte, hohe Bäume und kühle grüne Terrassen, die die glitzernde Schönheit der Architektur hervorhoben. Das Bauwerk ließ einen Turm nach dem anderen aus der schmuddeligen Straße emporsteigen, und am Fuße der Türme herrschte rasendes Treiben. Versorgungslastwagen, die Lebensmittel und Vorräte für die 22.000 Betten und die Menschen darin sowie für die weiteren 13.000 Menschen transportierten, die Tag und Nacht arbeiteten, um das riesige Krankenhaus am Laufen zu halten, fuhren zu den Entladeplattformen.

Das Hoffman Medical Center war ein uralter Traum, der endlich wahr geworden war. Selbst diejenigen, die es erdacht hatten, hatten nicht erkannt, welch gewaltige Notwendigkeit es erfüllen würde. Von Anfang an wurden keine Kosten gescheut. Die besten Architekten hatten die schimmernden Krankentürme errichtet, die der Sonne zugewandt waren, um den Kranken und Verletzten, die darin ruhten und heilten, Licht zu bringen. Die

Umkleide- und Operationssäle des Zentrums waren mit Geräten gefüllt, die weltweit ihresgleichen suchten. Die Ärzte, Krankenschwestern, Forscher und Techniker, die die Einrichtung beschäftigten, waren aus der ganzen Welt zusammengekommen. Und seit der Grundsteinlegung an jenem regnerischen Morgen im Frühling des Jahres 2085 hatte die ganze Welt dem Hoffman Center seine führende Stellung auf dem Gebiet der Medizin zugestanden. Seit diesem Tag waren 24 Jahre vergangen Jahrelang hatte das Hoffman Center nie in seiner Führung nachgelassen.

Die Männer im Auto saßen in eisigem Schweigen da. Schließlich regte sich Jeff Meyer und reichte Ted Bahr kurz die Hand. „Du wirst die Dinge hier draußen abdecken?"

„Mach dir darüber keine Sorgen." Bahr schüttelte die Hand. „Warte mal, bis du von dir hörst." Er sah fast wehmütig zu, wie der riesige Mann sich durch den Verkehr bahnte und auf die großen Glastüren zuging. Dann drückte er mit einem Seufzer den Anlasserknopf und schlängelte sich mit dem kleinen Jet-Auto in den Verkehrsstrom, der in Richtung Stadt fuhr.

Jeff Meyer blieb in der großen, geschäftigen Lobby stehen und blickte sich fast ehrfürchtig um. Er war noch nie zuvor im Hoffman Center gewesen, obwohl er schon oft und an vielen Orten davon gehört hatte. Seitdem es den Dienst der riesigen Metropole Boston-New Haven-New York-Philadelphia übernommen hatte, waren die Zeitungen und das Fernsehen voller Geschichten über die Lebensrettung und Heilung, die innerhalb seiner Mauern geschehen war. Die Krankheitsforschung, durchgeführt von Spezialisten aus allen Bereichen der Medizin, die erstmals unter einer Agentur vereint waren, hatte die Welt immer wieder aufs Neue erschüttert.

Aber es gab auch andere Geschichten – nicht aus den Zeitungen und dem Fernsehen, nicht diese Geschichten. Diese Geschichten waren durch Mundpropaganda entstanden: ein oder zwei kurze Sätze, ein nervöses Lachen, ein höhnischer Witz, ein Gerücht, eine geflüsterte Geschichte von einem Alky mit großen Augen, der über einer Bar hing. Nicht die Art von Geschichten, an die man wirklich glaubte, aber die Art, die einen zum Staunen brachte.

Mehrere Dutzend weiß gekleidete Frauen bewegten sich über den Boden der riesigen Lobby und unterhielten sich leise miteinander. Jeff schniefte unruhig. Es lag ein merkwürdig widerwärtiger Geruch in der Luft, ein Geruch fast ungesunder Sauberkeit und makelloser Konservierung. In der Lobby herrschte reges Treiben: Die Aufzüge und Zwischengebäude endeten hier; Die Menschen bewegten sich zügig und trugen die vertraute

Atmosphäre der Eile und des enormen Drucks mit sich, die die ganze Welt draußen infizierte.

Jeff schaute zu und entdeckte den Korridor, der zu den Hauptverwaltungsbüros führte. Er sah, wie die Aufzüge ständig zu den riesigen Zulassungsbüros fuhren und wieder zurückfuhren. Er bemerkte den Korridor, der zu den Wohnräumen des Personals führte. Er stand stumm da, seine schnellen grauen Augen prüften und beobachteten vorsichtig. Er versuchte, sich ein unauslöschliches Bild vom Grundriss des Gebäudes einzuprägen und war von dem bienenstockähnlichen Treiben des Ortes fast überwältigt. Die geschwungenen Türen und die hell erleuchteten Korridore wirkten komplex.

Irgendwo hier konnte er Paul Conroe finden. Irgendwo in diesem Labyrinth aus Gebäuden und Gängen befand sich der Mann, nach dem er gesucht hatte. Die Logik sagte ihm das. Sie hatten die Nacht damit verbracht, nach allen möglichen Alternativen zu suchen. Seine Muskeln schmerzten und seine Augen waren rot vor Schlaflosigkeit, aber in seinem Herzen glühte ein heißes, wütendes Leuchten. Er wusste, dass dies der einzige Ort war, an den Conroe hätte gehen können. Doch der Ort, an dem er sich verstecken musste, war ein Ort, von dem Jeff nur in Gerüchten gehört hatte, ein Ort, dessen Erwähnung ein halbes Wissen über atemberaubenden Reichtum und fast unbeschreiblichen Horror mit sich brachte.

Jemand klopfte ihm auf die Schulter. Erschrocken drehte er sich um und sah sich einem riesigen, stämmigen Mann mit misstrauischem Gesicht und grauer Uniform gegenüber. „Sie haben hier Geschäfte zu machen, Herr, oder sind wir nur auf Besichtigungstour?"

Jeff zwang sich zu einem Grinsen. „Ich weiß nicht, wohin ich gehen soll", sagte er wahrheitsgemäß.

„Vielleicht solltest du dann wieder rausgehen. Bis heute Nachmittag keine Besucher."

„Nein, ich bin kein Besucher. Ich suche nach der Volunteer's Bank. In den Anzeigen heißt es, dass sie bei den Verwaltungsbüros ankommen …"

Das Gesicht des Wachmanns wurde etwas weicher. Er zeigte mit dem Finger auf einen Korridor mit der Aufschrift FORSCHUNGSVERWALTUNG. „Gleich da drüben", sagte er. „Das Büro ist die erste Tür zu Ihrer Rechten. Die Krankenschwester wird sich um Sie kümmern."

Meyer schlenderte auf den Korridor zu und beschäftigte sich mit den Gerüchten und Bruchstücken von Halbwissen, mit denen er sich nur beschäftigen musste: Geschichten von Betrunkenen, die in die Notaufnahme stolperten und nie wieder herauskamen; Geschichten von stillen, schnellen

Razzien in Drogendealern, von Menschen, die nie die Polizeiwache erreichten.

Doch wie konnte er hier den richtigen Kontakt herstellen? „Forschungsverwaltung" hatte eine Vielzahl von Bedeutungen. Er hatte die Werbung für Hoffman-Freiwillige in allen Bussen, in den Hubschraubern und auf den Straßen gelesen. Zeitungen und Fernsehen hatten sie jahrelang verbreitet. Meyer warf einen Blick auf seine unpolierten Schuhe und rieb sich mit dem Finger das absichtlich unrasierte Kinn. Wie würden sie von einem Freiwilligen erwarten? Wie konnten sie einen Betrüger, einen Eindringling erkennen? Er zitterte, als er vor der Bürotür stand. Es wäre ein Wagnis, eine schreckliche Chance. Denn trotz all der anderen Werbung wurden die Mercy Men nie erwähnt. Er warf einen Blick zurück, stellte fest, dass der Wachmann ihn immer noch anstarrte, und ging ins Büro.

Mehrere Leute saßen an der Wand. Ein kleiner, mausgrau aussehender Mann mit Glatze und engstehenden Augen hatte sich gerade auf den Stuhl vor dem Schreibtisch gesetzt. Er wartete darauf, dass die adrett wirkende Frau mit dem lächerlichen kleinen weißen Hut ihren Stift niederlegte. Sie blickte nicht einmal auf, als Jeff Platz nahm, und schrieb einige Minuten lang weiter, bevor sie ihre Aufmerksamkeit dem kleinen Mann mit der Glatze zuwandte. Dann blickte sie auf und lächelte ihn frostig an. "Jawohl?"

„Dr. Bennet hat mich gebeten, heute wiederzukommen", sagte der kleine Mann. „Nachbereitung der Arbeit der letzten Woche."

"Name bitte?" Die Frau nahm seinen Namen und drückte den Knopf auf einer Tafel vor ihr; Einen Augenblick später fiel eine Karte in einen Schlitz. Sie überprüfte es, machte eine Eingabe und nickte dem Mann zu. „Dr. Bennet wird um elf Uhr für Sie da sein. Zeitschriften finden Sie im Aufenthaltsraum." Sie zeigte auf eine andere Tür und der kleine Mann verschwand.

Eine andere Person, eine Frau mittleren Alters, trat an den Platz des kleinen Mannes vor dem Schreibtisch. Jeff fühlte sich unruhig und warf einen Blick auf seine Uhr. Es war fast elf. Muss sie sich so langsam bewegen? Nichts schien sie zu beeilen. Sie arbeitete von Mensch zu Mensch, lächelnd, unpersönlich, nur ein wenig kühl. Schließlich nickte sie Jeff zu und er ging zu dem Stuhl.

"Name bitte?"

„Du hast keine Karte bei mir."

Sie blickte kurz auf. „Ein neuer Freiwilliger? Wir freuen uns, Sie zu haben, Sir. Wenn Sie mir jetzt Ihren Namen nennen, kann ich mit den Papieren beginnen."

Jeff räusperte sich und spürte, wie sein Puls in seiner Stirn hämmerte. „Ich bin mir nicht sicher, wofür ich mich ehrenamtlich engagieren möchte", sagte er vorsichtig.

Die Frau lächelte. „Wir haben eine ziemlich große Auswahl. Es gibt jede Woche dienstags und donnerstags die regulären Mycin -Medikamentenläufe. Sie nehmen das Medikament morgens oral ein und geben um zehn, zwei und vier Blutproben ab. Viele unserer neuen." Freiwillige fangen damit an. Es zahlt sechs Dollar und Ihr Mittagessen, während Sie hier sind. Oder Sie könnten Blut spenden, aber das Gesetz beschränkt Sie darauf, dies einmal alle drei Monate zu tun, und es zahlt nur fünfunddreißig Dollar. Oder –"

Jeff schüttelte den Kopf und beugte sich vor. Er sah ihr direkt in die Augen. „Ich glaube nicht, dass du das verstehst", sagte er leise. „Ich will Geld. Viel davon. Nicht fünf oder zehn Dollar." Er blickte auf den Schreibtisch hinunter. „Ich habe gehört, dass Sie auch andere Aufgaben haben."

Die Augen der Frau wurden schmal. „Es gibt natürlich höher bezahlte Kategorien von Freiwilligenarbeit. Aber Sie müssen verstehen, dass sie höher bezahlt werden, weil sie ein größeres Risiko für die Gesundheit des Freiwilligen mit sich bringen. Wir haben zum Beispiel Kreislaufstudien mit Herzkatheteruntersuchungen durchgeführt." Dafür zahlen wir hundert Dollar, aber es besteht ein erhebliches Risiko. Oder Sternalmarkpunktionen für Blutuntersuchungen. Normalerweise beginnen wir …"

„Ich sagte Geld", sagte Jeff unerbittlich. „Keine Erdnüsse."

Ihre Augen weiteten sich und sie starrte ihn lange an. Es war ein seltsamer, durchdringender Blick, der ihn vom Gesicht bis zu den Füßen erfasste. Ihr Lächeln verblasste und ihre Finger wurden plötzlich nervös. „Haben Sie eine Ahnung, wovon Sie reden?"

„Das habe ich. Ich spreche von den Mercy Men."

Sie stand abrupt auf und verschwand in einem Innenbüro. Jeff wartete, sein ganzer Körper zitterte. Auf seiner Stirn bildeten sich Schweißperlen und er zuckte sichtlich zusammen, als die Frau die Tür erneut öffnete.

„Kommen Sie bitte hier rein."

Dann war er auf dem richtigen Weg. Er versuchte die Aufregung in seinen Augen zu verbergen, als er in dem kleinen Raum Platz nahm. Er wartete unruhig. Die Frau packte ein kleines Telefon auf den Schreibtisch und drückte schnell hintereinander mehrere Tasten. Die Stille war fast unerträglich, während er wartete, eine Stille, die lebendig und vibrierend war. Schließlich flackerte ein Signallicht und sie nahm den Hörer ab.

„Dr. Schiml ? Das ist das Freiwilligenbüro, Doktor." Sie warf Jeff einen schnellen Blick zu. „Es ist noch ein anderer Mann hier, der Sie sehen möchte."

Meyer spürte, wie sein Herz raste. Er rutschte auf seinem Stuhl herum und begann, eine Zigarette herauszuholen. Dann überprüfte er sich.

„Das stimmt", sagte die Frau und musterte ihn, als wäre er ein biologisches Exemplar. „Es tut mir leid, er hat keinen Namen genannt ... Zehn Minuten? Alles klar, Doktor, ich lasse ihn warten." Damit legte sie den Hörer auf und verließ wortlos den Raum.

Jeff stand auf, streckte seine Beine aus und sah sich im Raum um. Es war klein und hatte nur einen Schreibtisch und zwei oder drei Stühle. Offensichtlich diente es als eine Art Konferenzraum. An einer Wand befand sich die Tafel mit den Aktenknöpfen; ein anderer hielt das Telefon und den Visiphone- Betrachter in der Hand. Über dem Bildschirm des Visiphons verkündete eine große Leuchttafel in scharfen schwarzen Buchstaben das Datum: 32. April 2109. Darunter hatte die kleine Transistoruhr gerade auf 11:23 Uhr umgestellt. Fast Mittag. Und jede Minute entfernte sich sein Opfer immer weiter.

Er warf einen Blick aus dem Fenster auf die aufsteigenden Gebäudereihen. Auf der anderen Seite des Hofes erhob sich der erste Wachturm. Auf einer Seite davon befanden sich eine Reihe langer, niedriger Gebäude mit Oberlichtern. Das waren vielleicht die Küchen oder Wartungsgebäude. Es gab Dutzende von ihnen – jeder von ihnen könnte Paul Conroe verbergen. Jeff ballte die Hände, bis die Nägel in seine Handflächen schnitten. Er starrte auf die Gebäude hinunter. Conroe könnte irgendwo da unten sein. Ein anderer Mann hatte Dr. *Schiml bereits gesehen* ....

Hinter ihm klickte eine Tür und er drehte sich abrupt um. Ein Mann betrat den Raum und schloss die Tür hinter sich. Lächelnd ging er zum Schreibtisch. Meyer nickte und beobachtete den Mann. Er verspürte ein flaues Gefühl in der Magengrube. Für einen kurzen Moment hatte der Arzt seine Aufmerksamkeit auf sich gezogen, und Jeff spürte, wie alles, was er sagen wollte, wie Staub um ihn herum zerfiel.

Der Mann sah kaum wie ein Arzt aus, obwohl seine weiße Jacke makellos war und ein Stethoskop aus seiner Seitentasche hervorschaute. Er war groß und schlank, fast fünfzig Jahre alt, mit runden, fröhlich rosa Wangen und einer kleinen Stupsnase, die in seinem Gesicht völlig fehl am Platz schien.

Ein harmlos aussehender Mann, dachte Jeff, bis auf seine Augen. Aber seine Augen – es waren die schärfsten und durchdringendsten Augen, die Jeff je gesehen hatte. Und sie beobachteten ihn. Ganz unabhängig von dem lächelnden Gesicht beobachteten sie jede seiner Bewegungen und musterten ihn. Die Augen waren voller Weisheit, aber auch von Vorsicht geprägt.

Der Arzt setzte sich und bedeutete Jeff, sich auf den Platz gegenüber dem Schreibtisch zu setzen. Er schob ihm ein Zigarrenetui über den Schreibtisch.

Jeff zögerte, dann nahm er eins. „Ich dachte, das wäre etwas illegal", sagte er.

Der Arzt grinste. „Ein bisschen. Dank uns, wie Sie wahrscheinlich wissen. Wir haben hier die meiste Arbeit zum Thema Tabakrauch und Krebs geleistet – wir haben tatsächlich Gesetze dazu durchgesetzt." Er lehnte sich entspannt in seinem Stuhl zurück und zündete sich seine eigene Zigarre an. „Trotzdem schadet eine ab und zu nicht allzu sehr. Und es gibt nichts Besseres als eine gute Zigarette, um Dinge auszusprechen. Ich bin übrigens Roger Schiml. Ich habe deinen Namen nicht verstanden. "

„Meyer", sagte Jeff. „Jeffrey Meyer."

Die Augen des Arztes verengten sich fragend. „Ich hoffe, mein Mädchen hat dich nicht zu sehr belästigt. Wie du siehst, konzentriert sie hier den Großteil ihrer ehrenamtlichen Arbeit. Dann gibt es ab und zu Fälle, in denen sie sich lieber mir überlässt." Er hielt einen Moment inne. „Fälle wie Ihrer zum Beispiel."

Jeff blinzelte, seine Gedanken rasten. Es bedarf einer Schauspielerei, dachte er, echter Schauspielerei, um diesen Mann zu täuschen. Das Gesicht war täuschend jung und gütig, fast selbstgefällig. Aber die Augen waren alles andere als jung. Es waren alte, alte Augen. Sie hatten mehr gesehen, als die Augen sehen sollten. Sie haben nichts verpasst. Um einen Mann mit solchen Augen zu täuschen – Jeff holte tief Luft und sagte: „Ich möchte mich den Mercy Men anschließen."

Dr. Schimls Augen weiteten sich ganz leicht. Einen langen Moment lang sagte er nichts, sondern starrte nur den riesigen Mann vor sich an. Dann sagte er: „Das ist interessant. Es ist auch sehr merkwürdig. Der Name, ich meine – oh, ich kann die Anziehungskraft verstehen, die eine solche Idee auf die Leute haben könnte, aber der Name, der so beliebt geworden ist – er verwirrt mich. ‚Mercy Men.'" ' Das erweckt in einem ein merkwürdiges Gefühl, finden Sie nicht? Da kommen einem vor dem Kopf Bilder von hübschen jungen Praktikanten in den Sinn, die gegen die Mächte des Bösen und des Todes kämpfen, von tapferen Helden, die ihr Bestes für den Aufstieg der Menschheit geben – dieser ganze Mist, wissen Sie." Die Augen wurden ganz plötzlich hart. „Wo hast du von den Mercy Men gehört, frage ich mich?"

Jeff zuckte mit den Schultern. „Das Wort gibt es schon eine ganze Weile. Ein Schnappschuss hier, eine Geschichte dort – auch wenn sie nicht allzu offen beworben wird."

Dr. Schiml sah ihm direkt in die Augen. „Und angenommen, ich sage Ihnen, dass es keine solche Organisation gibt, weder hier noch irgendwo anders auf der Erde, von der ich weiß?"

Auf Jeffs Gesicht erschien ein schmales Lächeln. „Ich würde dich einen erstklassigen Lügner nennen."

Schimls Augenbrauen hoben sich. „Ich verstehe. Das ist ein großes Wort. Vielleicht kannst du es unterstützen."

„Das kann ich. Hier sind Mercy Men. Und das schon seit mehreren Jahren."

„Da bist du dir sicher."

„ Ganz recht . Ich kenne einen. Er war ein Skid-Ruderer mit einer Vorliebe für Morphium, als ich ihn zum ersten Mal traf – ein Appetit auf Champagner, der mit einem Biereinkommen einherging. Dann war er für etwa sechs Monate aus dem Verkehr gezogen. Jetzt hat er einen Er hat eine Wohnung in den Catskills, mit vielen, vielen tausend Dollar auf der Bank. Natürlich verwendet er das Geld, um mehrere hundert Katzen in seinem Keller zu füttern. Jeffs Augen wurden schmal. „Er mochte Katzen nie besonders, bevor er hier wegging. Es gibt noch andere lustige Dinge, die er macht – natürlich nichts Ernstes, aber eigenartiges. Trotzdem braucht er das Dope nicht mehr . "

Schiml lächelte und legte die Finger zusammen. „Das wäre Luke Tandy. Ja, Luke war ein bisschen anders, als er ging, aber die Arbeit war zufriedenstellend und wir haben uns gelohnt."

„Ja", sagte Jeff leise. „Einhundertfünfzigtausend Dollar. Bargeld steht auf dem Spiel. Für ihn oder seine Erben. Er hatte Glück."

" Also, was machst du hier?"

„Ich will auch einhundertfünfzigtausend Dollar."

Der Blick des Arztes traf den von Jeff direkt. „Und du bist auch ein Lügner."

Jeff wurde rot. "Wie meinst du das-"

„Schau, lass uns das jetzt klarstellen. Lüg mich nicht an. Ich werde dich jedes Mal erwischen." Die Augen des Arztes waren hart. „Ich sehe einen Mann, der schon lange gut gegessen hat, schmutzige, aber teure Kleidung trägt, der nicht trinkt, der keine Drogen nimmt, der jung, stark und fähig ist. Er sagt mir, dass er sich den Mercy Men anschließen möchte für Geld. Er lügt mich. Jetzt frage ich dich noch einmal: Warum bist du hier?"

„Für Geld. Für einhundertfünfzigtausend Dollar."

Der Arzt seufzte und lehnte sich zurück. „In Ordnung, egal. Wir werden später darauf eingehen, nehme ich an. Aber ich denke, Sie sollten bestimmte Dinge besser verstehen. Es ist kein Zufall, dass Ihre Informationen über die Mercy Men so vage sind. Wir haben sorgfältig darauf geachtet, sie aufzubewahren Das ist natürlich so. Je vager die Geschichten, desto weniger Neugierige und Wichtigtuer müssen wir uns herumschlagen. Und je geschmackloser die Geschichten, desto verzweifelter werden die Menschen, bevor sie zu uns kommen. Das wünschen wir uns ganz besonders . Weil die Arbeit, die wir hier leisten, einen sehr verzweifelten Mann erfordert, der sich ehrenamtlich engagiert."

Während er redete, holte der Arzt ein Kartenspiel vom Schreibtisch und fing an, sie nervös mit den Fingern durchzublättern. Jeffs Blick fing sie auf und ein Schauer lief ihm über den Rücken. Es handelte sich um seltsame Karten, nicht um die reguläre Spielvariante. Diese waren kleiner und hatten auf den weißen Flächen ein eigenartiges Markierungssystem in leuchtendem Rot. Jeff zitterte und war verwirrt über die Kälte, die seinen Körper erfasste. Mit zunehmender Anspannung rutschte er auf seinem Stuhl hin und her und versuchte, den Blick von den Karten abzuwenden.

Der Arzt drückte seine Zigarre aus, lehnte sich im Stuhl zurück, musterte die Karten und musterte Jeff aufmerksam. „Seit der Eröffnung des Zentrums haben wir hier viel getan – Arbeit, die auf jahrelanger Hintergrundforschung basierte. Vor einem Jahrhundert oder mehr gab es schreckliche medizinische Probleme: Polio war damals eine tödliche Krankheit; sie hatten keine Ahnung von Krebsbekämpfung; sie waren mit einer enormen Sterblichkeitsrate aufgrund von Herzkrankheiten konfrontiert. All diese Dinge sind jetzt besiegt, das gehört der Vergangenheit an. Aber als die alten Mörder auszogen, traten neue an ihre Stelle. Schauen Sie sich das halbe Dutzend NVI-Plagen an, die wir hatten in den letzten Jahren – neurotoxische Virusinfektionen, die vor zwanzig Jahren aus dem Nichts auftraten. Schauen Sie sich die Alkysiki an, die man heute in jeder Bar sieht, eine völlig neue Art von Alkoholismus-Psychose, die wir noch nicht einmal haben konnten beschreiben, geschweige denn heilen. Schauen Sie sich die Statistiken über Geisteskrankheiten an, die fast jedes Jahr in geometrischer Progression ansteigen."

Der große Arzt stand auf und ging zum Fenster. „Wir wissen nicht, warum es passiert, aber es passiert. Etwas ist auf dem Vormarsch, etwas Schreckliches und Böses unter den Menschen. Etwas, das gestoppt werden muss." Er schüttelte die Karten scharf und warf sie seufzend auf den Schreibtisch. „Wir können es nicht aufhalten, bis wir etwas über das menschliche Gehirn wissen und wie es funktioniert und warum es tut, was es tut und wie. Wir verstehen nicht einmal vollständig die Struktur des Nervensystems, geschweige denn seine Funktion." . Und wir haben von Katzen, Hunden und Affen alles gelernt, was wir können. Jede weitere Untersuchung des Gehirns eines Affen wird uns zweifellos großartige Einblicke in die Neurosen und Komplexe von Affen geben. Aber wir werden dadurch nichts mehr über Menschen *lernen* ." Seine Stimme war sehr sanft. „Sie können sehen, wohin das führt, denke ich."

Jeff Meyer nickte langsam. „Man braucht Männer", sagte er.

„Wir brauchen Männer. Männer zum Lernen. So grausam es auch klingen mag, Männer zum Experimentieren. Wir können von keiner anderen Art von ... Versuchstieren mehr lernen. Aber es gibt Probleme. Spielen Sie mit dem Gehirn eines Mannes herum und Er wird wahrscheinlich ziemlich abrupt sterben. Oder er könnte geistesgestört sein oder völlig wahnsinnig werden. Der Großteil der Arbeit, egal wie gut geplant, wie sicher wir uns der Ergebnisse waren, wie sicher sie auch schien, erwies sich als völlig unvorhersehbar. Viel der Arbeit und viele der Ergebnisse waren ziemlich schrecklich. Aber wir machen Fortschritte, langsam – aber trotzdem Fortschritte. Also geht die Arbeit weiter.

„Es war nicht sehr beliebt. Kein Mann, der bei klarem Verstand ist, würde sich freiwillig für einen solchen Job melden. Deshalb haben wir Männer eingestellt. Für die wahrhaft altruistischste Arbeit der Welt kommen unsere Arbeiter mit den egoistischsten Motiven: Wir zahlen dafür." ihre Dienste und wir zahlen gut. Hunderttausend Dollar sind in unserer Größenordnung eine kleine Gebühr. Wir haben die Regierung hinter uns. Wenn wir einen Mann für einen Job brauchen, sind uns keine Grenzen gesetzt. Das Geld wird bezahlt, wenn die Arbeit erledigt ist abgeschlossen ist, entweder für den Mann selbst oder für seine Erben. Sie sehen, warum der Name, den sie sich selbst gegeben haben, so seltsam ist – medizinische Söldner, die „Männer der Barmherzigkeit". Deshalb muss ein Mann unbedingt zu uns kommen. Deshalb müssen wir so sehr vorsichtig sein, wer sich uns aus welchen Beweggründen anschließt."

Jeff Meyer starrte auf seine Hände und wartete in der Stille des Raumes. Sein Blick wanderte erneut zu den seltsamen Karten, und die Kälte der Angst durchfuhr ihn wie eine gespenstische Brise. Dies war ein Hafen des letzten Auswegs, eine Straße, die in Schrecken und Tod enden konnte. Ted Bahr hatte gesagt, dass es das nicht wert sei – dass Conroe niemals lebend entkommen würde –, aber er wusste, dass Conroe es könnte. Und er kannte Conroe gut genug, um zu wissen, dass er es tun würde.

Jeff spürte, wie die alte Bitterkeit und der Hass in seinem Kopf aufstiegen, und seine Hände zitterten, als er saß. Er hatte sein Leben, wie er es kannte, längst aufgegeben, die Fassade des zivilisierten Lebens, die er sich angeeignet hatte, abgelegt, um Paul Conroe zu jagen und zu töten. Es gab nichts anderes in seinem Leben, das zählte. Es war eine lange, anstrengende Jagd gewesen, ihn aufzuspüren, ihm zu folgen, ihn zu studieren, seine Bewegungen und Gewohnheiten zu verfolgen, eine Falle nach der anderen zu planen und den Mann in die Verzweiflung zu treiben. Aber es gab nirgendwo Anzeichen dafür, dass Conroe sich auf ein so verzweifeltes Wagnis wie dieses einlassen würde.

Aber er musste gewusst haben, dass der Tod sonst unvermeidlich war. Hier könnte er ausgewechselt werden. Er könnte zwar in der Vergessenheit eines stillen Todes vom Erdboden verschwinden, aber er könnte auch unversehrt wieder auftauchen, um den Rest seines Lebens in Reichtum zu leben, unerkennbar und sicher.

Jeff Meyer sah zum Arzt auf und seine Augen waren hart. „Ich habe meine Meinung nicht geändert", sagte er. „Was muss getan werden, um beizutreten?"

Dr. Schiml seufzte und wandte sich resigniert dem Aktenpult zu. „Es gibt Tests, die notwendig sind, und Regeln, die befolgt werden müssen. Man wird eingesperrt und reglementiert. Und sobald man einem Job zugewiesen wird und eine Entlassung unterschreibt, ist man dabei." Er beugte sich vor und drückte den Visiphone- Knopf. Er tippte müßig mit den Fingern auf den Schreibtisch und wartete, bis ein Bild auf dem Bildschirm blinkte und klar wurde. „Blackie", sagte er müde. „Schicken Sie den fiesen Franzosen besser hierher. Wir haben einen neuen Rekruten."

Das Visiphone brach ab und Jeff saß wie erstarrt auf seinem Sitz, sein Puls pochte in seinem Nacken und jeder Nerv in seinem Körper schrie vor Aufregung. Einen Moment lang war das Gesicht auf dem Bildschirm deutlich zu erkennen: ein blasses Gesicht mit großen grauen Augen – das Gesicht einer Frau, umgeben von wallendem schwarzem Haar. Es war ein Gesicht, das sich unauslöschlich in sein Gedächtnis eingeprägt hatte. Es gehörte dem Mädchen, das am Abend zuvor im roten Licht getanzt hatte.

KAPITEL DREI

Daran bestand kein Zweifel. Sie war das Mädchen im Nachtclub, die Tänzerin mit den wallenden schwarzen Haaren und dem maskenhaften Lächeln, die ihn zu Conroe geführt und dann den Scheinwerfer auf sein Gesicht gerichtet hatte, um die Falle zu schnell zu öffnen. Jeff kämpfte verzweifelt darum, seine Aufregung unter Kontrolle zu bringen. Er wusste, dass sein Gesicht weiß war und wich dem verwirrten Blick des Arztes aus. Aber er konnte das wütende Feuer, das in seinem Kopf brannte, nicht unterdrücken, als die kleine Stimme schrie: „ *Er ist hier; er ist hier, irgendwo!* "

Aber warum war sie hier? Der Arzt hatte sie „Blackie" genannt. Er hatte vertraut mit ihr gesprochen. Jeffs Gedanken wirbelten. Er hatte das seltsame Gefühl, dass er irgendwo auf der Strecke etwas übersehen hatte, dass er die Antwort kannte, sie aber nicht ganz begreifen konnte. Was könnte das plötzliche Auftauchen des Mädchens im Zentrum bedeuten?

Oder war ihr Auftritt im Nachtclub ungewöhnlich gewesen?

Ein Summer klingelte und die Bürotür öffnete sich, um einen kleinen Mann mit dem Wieselgesicht einzulassen. Der Arzt blickte auf und lächelte. „Hallo, Jacques. Das ist Jeff Meyer, der neue Rekrut. Erledigen Sie ihn und lassen Sie ihn einquartieren, in Ordnung? Und vielleicht unterweisen Sie ihn ein wenig. Er ist furchtbar grün."

Der kleine Mann kratzte sich an seiner langen Nase und sah Jeff mit einem bösen Lächeln an. „Ein neuer, hm? Wo willst du ihn aufstellen?"

„Keine Ahnung. Zuerst werden wir sehen, wohin ihn die Tests bringen. Dann reden wir über Jobs."

Das Lächeln auf dem Gesicht des kleinen Mannes wurde breiter, zog die Spitze seiner langen, spitzen Nase nach unten und enthüllte eine Reihe schmutziger gelber Zähne. Sein Blick musterte Jeff von Kopf bis Fuß. „Der Große auch. Aber sie fallen genauso hart wie die anderen. Soll ich ihn gleich zu Boden bringen?"

Schiml nickte. „Vielleicht bekommt er noch etwas zu Mittag." Sein Blick wanderte zu Jeff. „Das ist der böse Franzose", sagte er und deutete mit dem Daumen auf den kleinen Mann. „Er ist schon lange dabei; er kann dir alles zeigen. Und lass dich nicht zu sehr von ihm stören – ich meine, sein Sinn für Humor. Wie ich schon sagte, er ist schon lange hier. Das wirst du Besorgen Sie sich ein Quartier und von Ihnen wird erwartet, dass Sie für Mahlzeiten und alles andere bei Ihrer Gruppe bleiben. Das bedeutet, dass Sie keine Kontakte außerhalb des Krankenhauses haben, solange Sie hier sind. Sie erhalten die täglichen Nachrichtenberichte und es gibt Zeitschriften und

Bücher die Bibliothek. Wenn Sie draußen andere Geschäfte haben, haben Sie hier drinnen nichts zu suchen. Jedes Mal, wenn Sie das Zentrum verlassen, gilt dies als automatischer Vertragsbruch."

Er hielt einen langen Moment inne und warf Jeff einen seltsamen Blick zu, fast ein halbes Lächeln . „Und Sie werden feststellen, dass Fragen hier nicht erwünscht sind, Jeff. Fragen jeglicher Art. Die Männer mögen es nicht besonders, wenn Menschen Fragen stellen."

Der böse Franzose scharrte nervös mit den Füßen und Jeff ging zur Tür hinaus. Dann wandte sich der kleine Mann wieder an Dr. Schiml . „Sie haben Tinker vor etwa zehn Minuten vom Tisch zurückgeholt. Er ist in einem ziemlich schlechten Zustand. Vielleicht solltest du ihn dir ansehen?"

„Das war heute die große Aufgabe, nicht wahr?" Schimls Augen waren scharf. „Was hat Dr. Bartel gesagt?"

„ Er sagte, keine Würfel. Es war eine Pleite."

„Ich verstehe. Nun ja, vielleicht ist es nur, dass der Diodrax jetzt nachlässt, aber ich werde unten sein, um nachzusehen."

Der böse Franzose grunzte und wandte sich wieder Jeff zu. Sein Gesicht trug immer noch das fiese kleine Grinsen. „Lass uns gehen, großer Junge", sagte er und ging den Flur entlang.

Jeff beobachtete die Korridore, während sie vorbeigingen, zählte sie einen nach dem anderen und versuchte verzweifelt, sich zu orientieren. Er warf einen Blick auf seine Uhr und schnappte wütend nach Luft. Minuten vergingen, kostbare Minuten, Minuten, die Erfolg oder Misserfolg bedeuten konnten. Tausend Fragen drängten sich in seinem Kopf auf, und hinter ihnen allen stand das Mädchen. Sie war der Schlüssel, da war er sich sicher. Sie würde wissen, wo Conroe war, wo er zu finden war ...

Sie erreichten einen Aufzug, stiegen ein und schossen mit solch schwindelerregender Geschwindigkeit nach unten, dass Jeff fast erstickte. Dann kamen sie plötzlich abrupt zum Stehen und betraten einen schmuddeligen, grauen Korridor, der von nackten Glühbirnen an der Decke schwach beleuchtet wurde.

Der böse Franzose drückte einen Knopf in der Wand und drehte sich zu Jeff um. Das höhnische kleine Lächeln war immer noch auf seinen Lippen, als das ferne Grollen eines Jitneys zu einem scharfen Klappern wurde. Ein kleines Auto fiel von seiner Deckenschiene. Der kleine Mann sprang flink hinein und bedeutete Jeff, sich neben ihn zu setzen. Dann fuhr das Auto wieder Richtung Decke, schwankte wild und raste durch das Labyrinth aus Gängen und Kurven.

Jeff bewegte sich unruhig und wurde mit jeder Wendung immer verwirrter. „Schau", brach er schließlich aus, „wohin führt uns dieses Ding?"

Der böse Franzose richtete seine blassen Augen auf ihn. „Hast du dir Sorgen gemacht oder so?"

„Nun, es sieht so aus, als wären wir auf dem Weg zum Mittelpunkt der Erde. Irgendwann würde ich gerne den Weg nach draußen finden –"

"Warum?"

Die Frage war so direkt, dass Jeff einen Moment lang die Kinnlade hängen ließ. „Nun, ich habe nicht vor, den Rest meines Lebens hier zu verbringen."

Der böse Franzose lachte. Es war kein angenehmes Lachen. „Hier für einen schönen, erholsamen Urlaub, nicht wahr? Ihr klugen Kerle seid doch alle gleich. Träumet nur – ich werde euch nicht stören."

Der kleine Mann richtete seine Aufmerksamkeit auf die Bedienelemente, und das Auto schwang scharf nach rechts und fuhr einen weiteren Korridor entlang. Jeff runzelte die Stirn, als er die erleuchteten Korridore vorbeiziehen sah. Sind sie so weit, so tief in den Tiefen des Gebäudes gefahren? Oder war dies Teil eines konkreten Plans, die Rekruten in dem riesigen Ort zu verwirren und so vollständig zu verlieren, dass sie nie wieder herausfinden konnten? Endlich zuckte Jeff mit den Schultern. Es spielte wirklich keine allzu große Rolle. Er hatte einen Job und nur einen. Er konnte sich Gedanken darüber machen, ob er fliehen konnte, wenn es geschafft war.

„Dieses Mädchen", sagte er schließlich. „Der Arzt nannte sie ‚Blackie'. Ist sie hier unten, wo wir hingehen?

„Woher soll ich das wissen? Ich führe sie nicht an der Leine." Das Gesicht des kleinen Mannes verdunkelte sich und sein Blick richtete sich misstrauisch auf Jeff.

„Ich meine, ist sie eine von der Gruppe – eine der Mercy Men?"

Der böse Franzose betätigte scharf einen Schalter und lenkte das rasende Auto durch eine lange, dunkle Passage. Er ignorierte die Frage, als hätte er sie nicht gehört. Im gedämpften Licht war seine Haut pastengelb und runzelig wie eine Mumie. Die Grausamkeit und Gier in seinem Gesicht waren erschreckend.

Jeff beobachtete ihn einen Moment lang, dann sagte er: „Was hat dich hierher geführt? Zu den Mercy Men, meine ich?"

Die Augen des bösen Franzosen blitzten giftig, sein Gesicht war eine schreckliche Maske. „Habe ich dich nach deinem Schläger gefragt, bevor du reinkamst?"

"NEIN."

„Dann frag mich nicht nach meinem. Und das wirst du nicht vergessen, wenn du schlau bist." Er richtete seine Aufmerksamkeit scharf auf die Steuerung und ignorierte Jeff mehrere Augenblicke lang. Schließlich sagte er: „Sie teilen sich ein Zimmer und essen um acht, mittags und sechs. Die Tests sollten morgen früh um halb acht beginnen. Sie werden in Ihrem Zimmer sein, wenn die Ärzte Sie abholen. Sie haben gewonnen." Hier haben Sie keinen Status, bis Sie getestet wurden. Dann unterschreiben Sie eine Freigabe und warten auf einen Arbeitsauftrag. Sie haben keine Arbeitsauswahl; das ist nur etwas für die Älteren. Ein Teil der Arbeit betrifft Zentralnerven Einige arbeiten am Sympathikus, andere konzentrieren sich auf das Rückenmark und die Peripherie, doch das meiste Interesse gilt heutzutage kortikalen Läsionen und Reparaturen. Das zahlt sich auch am besten aus – ein paar Hunderttausend auf einen Schlag, mit einem ziemlich guten Risiko. "

„Und was ist hier ein ziemlich gutes Risiko?"

Das Grinsen erschien wieder auf dem Gesicht des kleinen Mannes. Es war fast schon wild in seiner Grausamkeit. „Eine vollständige Genesung von zehn Prozent ist ein gutes Risiko. Das bedeutet vollständige Genesung von der Arbeit, keine Sekundärinfektion, vollständige Genesung der Fähigkeiten – mit anderen Worten: vollständiger Erfolg bei der Arbeit. Dann ist ein ziemlich gutes Risiko etwas geringer – vielleicht mehr Opfer . " fünf Prozent Genesung. Und ein Job mit hohem Risiko durchschnittlich zwei Prozent …"

Das Grinsen wurde breiter. „Du hast eine bessere Chance, unter einer Atombombe zu leben, mein Freund. Und sobald du eine Entlassung unterschreibst, die das Krankenhaus und die Ärzte von jeglicher Verantwortung entbindet, bist du drin und gesetzlich an deinen Vertrag gebunden. Das hier Es ist kein Urlaub, aber wenn Sie das Glück haben, durchzukommen …" Die Augen des kleinen Mannes leuchteten vor Eifer. „Sie zahlen sich aus – oh, wie sie sich auszahlen. Wenn Sie Glück haben, bekommen Sie einen guten Starter, vielleicht hunderttausend, mit gutem Risiko." Er kratzte sich an der Nase und musterte Jeff aufmerksam. „Natürlich gibt es auch unvollständige Wiederherstellungen. Es fällt ihnen schwer, sie aus den Nachrichten herauszuhalten, falls sie jemals gehen. Manchmal ist es auch ziemlich chaotisch."

Jeff spürte, wie sein Gesicht erbleichte, als er den grausamen Eifer in der Stimme des kleinen Mannes hörte. Was könnte einen Mann an einen Ort wie diesen bringen – insbesondere diese Art von Mann? Oder war er ein anderer

Typ Mann gewesen, bevor er hereinkam? Wie lange war er schon hier, wartete von Experiment zu Experiment, wartete darauf, zu leben oder zu sterben, wartete auf die Auszahlung, auf das große Geld, das am Ende eines Jobs wartete? Was könnte eine solche Existenz einem Mann antun? Was könnte ihn antreiben? Jeff schauderte, dann schnappte er nach Luft, als das Auto plötzlich um die Ecke bog und auf dem Boden landete.

Der böse Franzose sprang heraus und bedeutete Jeff, ihm zu folgen. Sie gingen auf die Rolltreppe am Ende des Durchgangs zu. Jeff suchte jede Tür ab, an der sie vorbeikamen, und hielt Ausschau nach einem Zeichen der schwarzhaarigen Frau. „Schau", sagte er schließlich. „Dieses Mädchen – Blackie, meine ich – wer ist sie?"

Der böse Franzose blieb stehen und blickte Jeff böse an. „Was ist sie, eine alte Freundin der Familie oder so? Du fragst ständig nach ihr."

„Ich kenne sie von irgendwoher."

„Warum belästigen Sie mich also mit Ihren Fragen?"

Jeffs Gesicht verfinsterte sich vor Wut. „Ich will sie sehen, alles klar? Sei nicht so nervös –"

Der kleine Mann wirbelte um ihn herum wie eine Katze. Jeffs Arm wurde hinter seinem Rücken verdreht, bis er spürte, wie die Sehnen rissen. Mit unglaublicher Kraft drehte der böse Franzose den riesigen Mann zurück gegen die Wand und starrte ihn mit glühenden Augen an. „Du bist ein kluger Kerl, du kommst hierher und stellst Fragen", knurrte er und versetzte Jeffs Arm einen heftigen Ruck. „Glaubst du, du kannst mich täuschen? Du fragst nach diesem, du fragst nach jenem – warum so neugierig? Blackie ... ich ... alles. Was machst du hier? Auf der Suche nach dem großen Geld oder um Fragen zu stellen?"

"Das Geld!" Jeff schnappte nach Luft. Er drehte sich, um sich aus dem eisernen Griff zu befreien.

„Dann stellen Sie keine Fragen! Wir mögen hier keine neugierigen Leute; wir mögen Leute, die genau würfeln und sich um ihre eigenen Angelegenheiten kümmern." Der kleine Mann gab dem Arm einen letzten schmerzhaften Ruck und ließ ihn los. Er sprang zurück, selbstsicher und mit grimmigem Blick.

Jeder Instinkt schrie Jeff zu, er solle sich auf ihn stürzen, aber er sank gegen die Wand. Er rieb sich den schmerzenden Arm und kämpfte um Kontrolle. Er wusste, dass ein Kampf jetzt alles völlig ruinieren könnte. Er hatte bereits schreckliche Fehler gemacht. Er fluchte leise. Wie dumm er gewesen war, nicht erkannt zu haben, wie unbeliebt Fragen für die Menschen an einem Ort wie diesem sein würden. Und sicherlich würde es das Mädchen jetzt erfahren, da er nach ihr fragte. Es sei denn, er konnte sie zuerst erreichen ...

Er rieb sich immer noch schmerzhaft die Ellbogen und wandte sich an den fiesen Franzosen. „Okay, lass es sein", knurrte er. "Was machen wir jetzt?"

Der Raum war klein und karg. Schmuddelig und grau passte es perfekt zu Jeffs Geist. Er betrat es mit dem fiesen Franzosen auf den Fersen und starrte auf die beiden schlichten Krankenhausbetten an der gegenüberliegenden Wand, die beiden Fußschränke und die beiden kleinen Schreibtisch-Stuhl-Kombinationen. Es gab kein Fenster im Zimmer. Tatsächlich gab es weder an dem Raum noch am Korridor einen Beweis dafür, dass sie sich nicht zwanzig Meilen unter der Erde befanden. Sicherlich war die Spritztour keine Gegenberuhigung gewesen.

Die schwachen Wandlampen leuchteten auf abgeriebener, abblätternder Farbe, und der Boden war mit sauberen, aber abgenutzten Plastikmatten bedeckt. An einer Wand stand ein Fernseher. Zwischen den Betten führte eine Tür zu einer kompakten Toilette und Dusche. Als Jeff hineinschaute, sah er, dass die Toilette auch mit dem Nebenraum verbunden war.

„Es ist kein Grand Hotel", sagte der böse Franzose säuerlich. „Aber es ist sauber und es ist ein Bett. Dieser Korridor beherbergt Ihre gesamte Einheit – die C-Einheit. Andere Einheiten befinden sich auf anderen Etagen, oben und unten."

Jeff sah sich düster im Raum um. „Wo kann ich essen?"

„Vier Stockwerke weiter unten in der Kantine. Nehmen Sie die Rolltreppe am Ende der Halle. Sie schließt in einer halben Stunde, also steigen Sie besser darauf. Und wenn Sie schlau sind, werden Sie nicht herumlaufen. Diese Jungs in Grau, die man hier und da sieht, mögen uns nicht besonders." Sein Gesicht verzog sich zu einem sardonischen Grinsen, als er zur Tür ging. „Und es wäre klug von dir, dich zu ändern, bevor du runterkommst. Je schneller die Leute aufhören zu denken, dass du neu hier bist, desto glücklicher wirst du sein." Damit drehte er sich um und verschwand im Flur.

Jeff seufzte und durchstreifte den Raum. In einem der Schließfächer befand sich eine erstaunliche Auswahl an sauberer und schmutziger Kleidung. Auf dem Boden lag ein großer Haufen schmutziger Hemden und Hosen, und genau in der Mitte des Stapels lag ein Haufen goldener Ringe und Armbanduhren. Jeff blinzelte und traute seinen Augen nicht ganz. Er hatte nicht daran gedacht, nach seinem Mitbewohner zu fragen, aber anscheinend hatte er einen, der noch nicht aufgetaucht war.

Anscheinend trugen alle die gleiche Kleidung. Er fand den anderen Spind voller sauberer Hemden und Latzhosen. Rasch begann er sich zu verändern, seine Gedanken rasten. Sein Körper war am ganzen Körper wund und er verspürte ein trockenes, heißes Gefühl um seine Ohren, weil er nicht genug Schlaf hatte. Sein Arm schmerzte jedes Mal, wenn er ihn bewegte. Wenn er nur eine Weile schlafen könnte. Aber er wusste, dass er keine Zeit verlieren durfte. In der Kantine wären immer noch Leute. Irgendwo unter ihnen würde er das Mädchen finden ...

Er dachte sorgfältig über das Problem nach. Das Mädchen war der Schlüssel. Er musste sie finden, um sicherzustellen, dass Conroe hier war. Und er musste sie schnell finden, sie überraschen, bevor sie eine Chance hatte, sich ein Alibi zu sichern oder sich zu verstecken. Conroe würde versteckt sein; er würde nie ans Licht kommen, bis er sicher war, dass ihm niemand gefolgt war. Auch er muss überrascht werden. Jeff hatte in der Vergangenheit gesehen, wie Conroe aus zu vielen Fallen entkam. Ein Patzer könnte jetzt der letzte sein. Und wenn Conroe Zeit zum Planen hätte, würde es viele, viele Fehler geben.

Als er im Zimmer stand, raste ein Auto durch den Flur und hielt ein Stück von der Tür entfernt an. Es gab Stimmen, gedämpft, aber mit einem scharfen Unterton hektischer Aufregung. Jeff hielt inne und lauschte der Kombination unbekannter Geräusche: ein Grunzen, ein leiser Fluch, das Rascheln geflüsterter Gespräche, ein leiser Pfiff. Dann wurde die Tür zum Nebenzimmer aufgerissen und das Rumpeln und Quietschen von Rädern drang an seine Ohren.

„Herrgott, was für ein Job!"

„Ja, sieht schlecht aus. Hat der Arzt ihn gesehen?"

„Er sagte, er würde am Boden liegen –"

„– ich muss es abklingen lassen, bevor man es merkt. Diesmal hat es funktioniert."

Jeff ging leise und nervös zur Tür der Verbindungstoilette. Ein neues Geräusch war zu hören, ein unheimliches Geräusch angestrengten, gurgelnden Atmens. Jeff zitterte. So ein Geräusch hatte er in seinem Leben nur einmal gehört: in einer Rakete während des Asienkrieges, als ein Mann von einem Granatsplitter in die Kehle getroffen worden war. Vorsichtig schob er die Tür einen Zentimeter auf und spähte hindurch ...

Im Raum standen drei Männer und manövrierten einen Mann – falls es ein Mann war – vom vierrädrigen Karren auf das Bett. Der Kopf des Mannes war bis zu den Schultern mit einem Verband bedeckt. In der Nähe der Schläfe war ein Fleck frisches Blut zu sehen, und dort, wo der Mund hätte sein sollen, tauchte ein Gummischlauch auf.

„Haben Sie ihn erledigt? Decken Sie ihn besser besser ab. Fixierer – er könnte herumspringen. Doc sagte, drei Wochen, bis der Schock nachlässt, wenn er die Nacht übersteht."

„Ja – und das ist auch das große Geld für Tinker. Harpo wäre ihm fast zuvorgekommen, aber Schiml hatte ihm versprochen –"

Jeff schauderte. Dies war also einer der Mercy Men, der mit einem „Job" fertig war. Das gurgelnde Geräusch wurde lauter und orientierte sich am Atem des Mannes – kurz, flach, ein Maß für den Tod. Ein Experiment war abgeschlossen.

Jeff schloss schweigend die Tür. Sein Gesicht im Spiegel war teigig weiß und seine Hände zitterten. Hier war der Faktor, der ihn von Anfang an geplagt hatte und der schließlich an die Oberfläche drang. Die Straße, auf der er unterwegs war, war eine Einbahnstraße. Er musste Conroe finden und schnell von der Straße verschwinden, solange er konnte. *Weil er es nicht wagte, den Weg zu weit zu gehen ...*

Die Luft im Korridor schien frischer zu sein, als Jeff zur Rolltreppe ging. Es war fast zwei Uhr und er beeilte sich, die Kantine zu erreichen, bevor sie geschlossen wurde. Er verdrängte bewusst das Bild des Mannes auf dem Bett. Mit Mühe richtete er seine Aufmerksamkeit wieder auf das Mädchen. Am Ende des Korridors betrat er die knarrende, nach unten fahrende Rolltreppe.

Wenn er sich nur bei Ted Bahr erkundigen könnte, um sicherzustellen, dass die Spur wirklich am Hoffman Center geendet hat, und um sicherzustellen, dass Conroe nicht wirklich irgendwo draußen war, sich immer noch versteckte und immer noch rannte. Eines schien sicher: Wenn Conroe wirklich hier wäre, würde auch er vor der Prüfung und Klassifizierung stehen; Auch er würde den gleichen düsteren Weg gehen wie Jeff selbst. Und als Neuling stünde auch er unter Verdacht und genauer Beobachtung.

Jeff blieb auf einem Treppenabsatz stehen. Plötzlich wurde ihm bewusst, dass er die Anzahl der abgestürzten Flüge nicht mehr zählen konnte. Er schaute zurück, um seine Orientierung zu überprüfen, dann ging er zur Treppe, die nach oben führte. Die Rolltreppe knarrte und ächzte, als wäre jede Kurve ihre letzte, und Jeff starrte verträumt auf die sich bewegende Wand und wartete – bis er am offenen Schacht vorbei zur gegenüberliegenden Treppe gelangte.

Er erstarrte, sein Verstand schrie. Unfähig, sich zu bewegen, starrte er auf das blasse, verängstigte Gesicht des Mannes auf der Treppe, die hinunterführte. In den kurzen Sekunden, die sie vergingen, stand er wie angewurzelt da, gelähmt und unfähig zu schreien. Dann drehte er sich mit einem heiseren Schrei um. Halb stolpernd, halb fallend rannte er die Treppe hinunter, bis er die Öffnung erreichte.

Dann sprang er über die Barriere und prallte dabei mit der Schulter gegen die Wand. Er erhaschte einen Blick auf die große, schlanke Gestalt, die vom Fuß der Treppe in den Korridor am Ende rannte, und schrie erneut in einem Ausbruch blendender Wut. Er nahm die Stufen drei auf einmal, sein Geist war taub vor dem Schmerz, als sein Fuß auf dem festen Boden aufschlug und sich umdrehte, so dass er auf dem Gesicht lag. Im Nu war er wieder auf den Beinen und rannte hektisch und blind bis zum Ende des Korridors.

Es brach in zwei Flure ein und verlief Y-förmig. Beide waren dunkel und beide leer. Jeff stand keuchend da, fast schrie er vor Wut auf, sein ganzer Körper zitterte. Er rannte blindlings einen Korridor entlang, riss eine Tür auf und starrte in das kleine, leere Büro. Er versuchte es mit einer anderen Tür und noch einer. Dann drehte er sich um und rannte zurück zum Y, wirbelte um die Ecke und rannte durcheinander den zweiten Korridor entlang. Nur seine eigenen verzweifelten Schritte hallten in der Dunkelheit zu ihm zurück.

Zurück am Y sank er zu Boden. Noch immer keuchend, schluchzte er laut vor Wut und ballte die Fäuste, als er versuchte, die Kontrolle über seinen wirbelnden Verstand zurückzugewinnen. Es gab Wut – ja, und Hass und bittere Frustration. Aber auch ein Schrei purer, unzusammenhängender, wilder Freude ging ihm in einem wilden, beschwingten Rhythmus durch den Kopf. Denn er wusste jetzt zweifelsfrei, dass Paul Conroe zu den Mercy Men gehörte.

Plötzlich blickte er zu den beiden Gestalten auf, die aus dem beleuchteten Korridor auf ihn zukamen. Einer von ihnen hielt eine winzige, tödliche Brandpistole auf seine Brust gerichtet. Der andere, ein riesiger, stämmiger Mann, griff nach unten und riss Jeffs Gesicht ins Licht. „Was ist Ihre Einheit?" Die raue Stimme klang rau.

Jeff erhaschte einen Blick auf den grauen Stoff der Jacke des Mannes und den offiziell aussehenden schwarzen Gürtel über seiner Schulter. „C-Einheit", keuchte er.

Der Schlag traf ihn direkt am Kinn und drehte seinen Kopf ruckartig herum. „Kluger Kerl, der ohne Passierschein herumläuft", knurrte die Stimme. „Ihr verdammten Streikbrecher denkt doch, ihr seid der Chef, nicht wahr?" Ein weiterer Schlag traf ihn hinter dem Ohr, und eine Faust traf ihn hart in der Magengrube. Als er sich würgend zusammenkrümmte, traf ihn ein heftiger Schlag am Kinn, und er schmeckte Blut in seinem Mund, während seine Knie unter ihm nachgaben.

Er spürte, wie sie ihn halb trugen, halb den Korridor entlang zogen. Er hörte, wie sich eine Tür öffnete und fiel mit dem Gesicht nach unten auf den Boden. Eine raue Stimme sagte: „Hier ist dein Mitbewohner, Scut. Halte ihn von nun an zu Hause." Und die Tür schlug hinter ihm zu.

Unter Schmerzen richtete er sich auf seinen Händen auf und schüttelte benommen den Kopf.

„Du siehst aus, als wärst du krank oder so." Die Stimme aus dem Bett war hart und unverschämt.

Unter Schmerzen riss Jeff seinen Kopf hoch und starrte. Das Mädchen blinzelte kalt und zog eine abgenutzte Zigarette aus ihrem blauen Baumwollhemd. Sie zündete mit dem Daumen ein Streichholz an und zündete den Rauch an. Dann starrte sie spöttisch auf Jeff herab. „Tut mir leid, Jack", sagte das Mädchen namens Blackie. „Aber es sieht so aus, als wären wir Mitbewohner. Also kannst du dich genauso gut an die Idee gewöhnen."

KAPITEL VIER

Dann explodierte etwas in Jeffs Gehirn, etwas, das er nicht besser kontrollieren konnte als der schleichende, bösartige Hass auf Paul Conroe, der ihn so lange angetrieben hatte. Die klirrende, blecherne Musik der Taverne schrillte durch seinen Kopf; das unauslöschliche Bild der schwankenden, kreisenden Gestalt: das lange rabenschwarze Haar, das teilnahmslose Gesicht, die vollen Lippen. Seine Knie gaben nach und sein Kopf schwankte, aber er taumelte quer durch den Raum auf das Mädchen zu. Er packte sie am Kragen und zog ihr Gesicht mit einem Schraubenschlüssel an seins, der ihr die Zigarette aus der Hand schlug und sie keuchend zum Atmen brachte.

„In Ordnung", knurrte er. „Wo ist er? Komm, komm, rede! Wo ist er? Und erzähl mir nicht, dass er nicht hier ist, denn ich weiß, dass er da ist, verstanden? Ich habe ihn gerade gesehen. Ich habe ihn einfach verfolgt, unten. Ich weiß." Er ist hier! Ich möchte wissen, wo.

Ihr Fuß schob sich scharf nach oben und traf ihn am Bein, was einen qualvollen Schmerz in seinen Oberschenkel verursachte. Plötzlich begann sie wie eine Katze zu kämpfen, zu kratzen, zu beißen – blaues Feuer in ihren Augen. Jeff hob seine Hand und schlug ihr zweimal hart ins Gesicht. Mit einem Knurren erwischte sie ihn mit dem Fuß im Bauch, riss sich los und ließ ihn gegen die Wand zurücktaumeln.

Er rannte davon und blieb dann wie angewurzelt stehen. Eine schreckliche Erkenntnis explodierte in seinem Kopf. Sie stand mit verzerrtem Gesicht da, ihre Augen brannten, und ein Strom giftiger Sprache ergoss sich auf ihn. In ihrer Hand hielt sie ein Messer mit nach oben gerichteter Klinge, das sie mit tödlicher Absicht in der Hand balancierte. Aber Jeff bemerkte das Messer kaum; Er hörte die Worte nicht, als er ungläubig in ihr Gesicht starrte und sein Herz sank. Weil das Gesicht irgendwie falsch war.

Die Lippen stimmten nicht, die Nase war anders geformt, der Glanz in den Augen stimmte nicht. Sein Keuchen verwandelte sich in ein bitteres Schluchzen des Unglaubens, der unglaublichen Enttäuschung. Es konnte keinen Zweifel geben – es war einfach nicht das richtige Mädchen.

„Wo – wo ist er?" fragte er schwach, sein Herz hämmerte hilflos in seiner Kehle.

„Kein weiterer Schritt", knurrte das Mädchen. „Noch einen Zentimeter und ich schneide dich wie Kitt auf."

„Nein, nein –" Jeff schüttelte den Kopf und versuchte verzweifelt, seinen Kopf frei zu bekommen und zu verstehen. Dies war das Mädchen, das er auf dem Visiphone- Bildschirm gesehen hatte . Ja, die gleichen Klamotten, das gleiche Gesicht. Aber sie war nicht das Mädchen in der Taverne. „Conroe", platzte er klagend heraus. „Du – du musst Conroe kennen –"

„Ich habe noch nie von Conroe gehört."

„Aber Sie müssen – letzte Nacht, in diesem Tauchgang – getanzt haben –"

Ihre Kinnlade klappte herunter, als sie ihn angewidert anstarrte. Dann warf sie das Messer auf die Tischplatte und ließ sich mit entspanntem Gesicht auf ihr Bett sinken. „Geh weg", sagte sie müde. „Der Sinn für Humor dieses verdammten Franzosen. Machen Sie Schluss damit. Ich lasse mich nicht mit Hopfen abgeben – zumindest nicht, bis er das Zeug los ist."

„Du kennst Conroe nicht?"

Das Mädchen sah ihn genau an. „Schau, Jack", sagte sie mit geduldiger Bitterkeit, „ich weiß nicht, wer du bist, und ich kenne deinen Kumpel Comstock oder was auch immer nicht. Und ich habe letzte Nacht verdammt noch mal nirgendwo getanzt. Das habe ich getan." Gestern Abend habe ich im Tank gearbeitet, um heute Morgen einen verwickelten Hopfenkopf für die Axt abzukühlen. Und es hat keinem von uns Spaß gemacht, und du wirst selbst da unten sein, wenn du dich nicht abkühlst. Und du hast gewonnen Es gefällt mir auch nicht. Also geh weg, störe mich nicht.

Jeff ließ sich auf das gegenüberliegende Bett sinken, den Kopf in den Händen. „Du – du sahst ihr so ähnlich –"

„ Also sah ich ihr so ähnlich!" Sie spuckte ein schmutziges Wort aus, zog ihre Beine an und starrte ihn wütend an.

Jeff wurde rot, sein ganzer Körper schmerzte. „In Ordnung, es tut mir leid. Ich war aufgeregt. Ich konnte nicht anders. Und ich kann hier nicht weg – ich habe es vor einiger Zeit versucht und bin auf ein paar Fäuste gestoßen."

Blackies Lippen kräuselten sich. „Die Wachen mögen uns hier unten nicht. Sie mögen nichts an uns. Sie werden dich töten, wenn du ihnen auch nur eine halbe Entschuldigung gibst."

Jeff sah zu ihr auf. „Aber warum? Ich habe nichts getan."

Das Mädchen lachte hart. „Glaubst du, das macht für sie einen Unterschied? Schau, Jack, seien wir ehrlich: Du bist in einem Gefängnis, verstehst du? Sie nennen es nicht so und es gibt keine Gitter. Aber du gehst nicht hin irgendwohin, und die Jungs in Grau sind hier, um dafür zu sorgen, dass du das nicht tust. Und sie hassen uns, weil wir nicht gut genug für sie sind, und wir stehen hinter der Art von Geld, nach der sie sich nicht trauen. Du bist aus einem einzigen Grund hier: um Geld zu verdienen, großes Geld, oder um dir den Kopf freizumachen, und nichts anderes ..." Sie sah zu ihm auf, ihre Augen wurden schmal. "Oder bist du?"

Jeff schüttelte kläglich den Kopf. „Nein, sonst nichts. Ich warte auf Tests. Diese andere Sache ist ein alter Kampf, das ist alles. Du würdest es nicht verstehen. Du sahst dem Mädchen einfach so ähnlich –" Er blickte zu ihr auf und studierte ihr Gesicht genauer eng. Sie war nicht so jung, wie er zunächst gedacht hatte. Um ihre Augen herum waren kleine Fältchen, eine Spur zu viel Make-up zeigte die Falten auf ihrem Mund, wenn sie sprach. Ihre Lippen waren zu voll geschminkt, und in ihren Augen lag eine Müdigkeit, ein erschöpfter, gehetzter Ausdruck, den sie nicht ganz verbergen konnte.

Sie lehnte sich auf dem Bett zurück und selbst Entspannung konnte ihre Härte nicht beseitigen. Nur die tiefschwarzen Haare und die glatten schwarzen Augenbrauen sahen jung und frisch aus.

Jeff schüttelte den Kopf und starrte sie weiter an. „Ich verstehe es nicht", sagte er hilflos. „Ich wurde diesem Raum zugewiesen –"

"So war ich." Der Blick des Mädchens wurde hart.

„Sind Sie einer der ... Arbeiter?"

Sie spottete bitter. „Du meinst eines der Versuchstiere? Stimmt. Die Mercy Men. Voller Gnade, das bin ich." Sie spuckte auf den Boden.

„Aber die gemischte Gesellschaft –"

In ihrem Lachen lag kein Humor. „Was hast du dir gedacht, sie würden ein separates Boudoir für die Damen haben? Wie gehen sie mit Versuchstieren aller Art um? Lass es, Jack. Es ist ihnen egal, was wir tun oder wie wir leben. Alles, was sie wollen, ist gutes, gesundes menschliches Vieh, wenn sie dazu bereit sind. Mehr nicht. Das bedeutet, dass sie uns füttern und einquartieren müssen. Punkt. Und wenn Sie irgendwelche klugen Ideen haben" – ihre Augen weiteten sich mit einem Ausdruck offener Boshaftigkeit, schockierend in seiner Intensität – „Probieren Sie einfach etwas aus. Nur einmal. Sie werden in kürzester Zeit eine Menge über Blackie herausfinden." Sie drehte sich verächtlich um und drehte ihm den Rücken zu. „Du wirst zum Beispiel herausfinden, dass ich Verrückte als Mitbewohner nicht mag."

Jeff zündete sich eine Zigarette an, seine Hände zitterten. Der Raum schien sich zu drehen und er spürte, wie seine Muskeln vor Schmerz und Müdigkeit nachließen. Er hatte so sehr auf die Informationen des Mädchens gezählt. Aber so unglaublich die Ähnlichkeit auch war, Blackie konnte nicht das Mädchen sein, das er in der Taverne gesehen hatte. Wenn sie ihn erkannt hätte, hätte er es entdeckt. Sie hätte es nicht ganz verbergen können.

Plötzlich fühlte er sich furchtbar allein, fast geschlagen, hilflos, weiterzumachen. Wohin könnte er gehen? Was könnte er tun? Wie konnte er einer Spur folgen, die direkt in Steinmauern führte? Er lehnte sich auf dem Bett zurück und gab der Müdigkeit nach, die ihn plagte. Sein Geist versank in Verwirrung der Hoffnungslosigkeit. Vielleicht, dachte er müde, vielleicht hatte dieser quälende Zweifel, der am Rande seines Geistes schwebte, recht. Vielleicht würde er Conroe nie finden. Er seufzte, als die Dunkelheit völliger Erschöpfung ihn umgab und sein Kopf zurück auf das Kissen sank –

Er wusste, dass er träumte. Ein winziger Winkel seines Geistes blieb beiseite, drängte ihn und sagte ihm, dass er es nicht wagen würde zu schlafen, dass er wach sein müsse, sich bewegen und auf der Jagd sein müsse, dass die Gefahr zu groß sei, um schlafen zu können. Aber er schlief, und der kleine Winkel seines Geistes bohrte und schrie und schaute zu ...

Er ging an einem Bach entlang, einen Spaziergang, den er schon einmal gemacht hatte, vor so vielen Jahren. Eine kühle Brise wehte von der Wiese herab und zerzauste sein Haar. Er hörte das Plätschern des Wassers, das über den Felsen glitzerte. Und er hatte Angst, so große Angst. Die Stimme in seinem Kopf schrie bei jedem Schritt zu ihm, bis er ins Stocken geriet, langsamer wurde und stehen blieb.

Nicht hier, Jeff, nicht hier. Hör auf, hör jetzt auf! Wenn du weiter gehst, wirst du tot sein –

Schweiß brach ihm auf der Stirn aus. Er versuchte vorwärts zu kommen, spürte einen eisernen Griff an seinen Beinen. *Hör auf, Jeff, hör auf, du wirst sterben, Jeff –* Eine überwältigende Welle der Angst erfasste ihn und er drehte sich um. Er rannte wie der Wind, und die Stimme folgte ihm, schrie ihm ins Ohr und folgte ihm auf geisterhaften Flügeln. Im Traum wurde er wieder zu einem kleinen Jungen, der rannte und vor Angst schrie. Ein Mann stand ihm mit ausgestreckten Armen im Weg, und Jeff warf sich schluchzend in die Arme seines Vaters, als würde ihm das Herz brechen, klammerte sich mit unglaublicher Erleichterung an ihn und vergrub sein Gesicht in der starken, tröstenden Brust. *Oh, Papa, Papa, du bist in Sicherheit. Du bist hier, Papa.*

Er schaute in das lächelnde Gesicht seines Vaters und sah die starken, sensiblen Linien um den Mund des großen Mannes, die Kraft und Weisheit in den Augen. Nirgendwo sonst gab es dieses Gefühl der Stärke, der unbegrenzten Macht, des vollkommenen Trostes. Er vergrub sein Gesicht wieder an der Brust des alten Jacob Meyer. Eine Flut tiefen Friedens durchströmte seinen Geist –

Jeff, Jeff, pass auf!

Er versteifte sich, sein ganzer Körper wurde kalt. Die starken Arme waren nicht mehr um ihn geschlungen und er hatte plötzlich wieder Angst – Angst mit einem Schrecken, der sich tief in seinen Geist bohrte. Er blickte auf und schrie, ein Schrei, der immer wieder widerhallte. Es kam immer wieder – ein Schrei puren Entsetzens. Weil das Gesicht seines Vaters nicht mehr neben ihm war. Da war ein anderes Gesicht, das körperlos und leuchtend über ihm hing. Es war kreideweiß – ein Gesicht voller gruseliger Bösartigkeit, das ihn anstarrte.

Es war Conroes Gesicht. Er schrie erneut, versuchte, seine Augen zu bedecken, versuchte, ins Nichts zu schrumpfen. Aber das abscheuliche, verzerrte Gesicht folgte ihm. Die schreckliche Angst verstärkte sich, durchzuckte ihn wie eine Flamme und verwandelte sich in feurigen Hass in seinem Herzen, während er das böse, glühende Gesicht beobachtete.

Er hat deinen Vater getötet, Jeff. Er hat deinen Vater abgeschlachtet, ihn wie ein Tier niedergeschossen, kaltblütig –

Jeff schrie und das böse Gesicht grinste und rückte näher, bis der stinkende Atem heiß an Jeffs Hals war.

Du musst ihn töten, Jeff. Er hat deinen Vater getötet –

Aber warum? Warum hat er es getan, warum ... warum ... *warum* ? Es gab keine Antwort. Die Stimme verstummte in einem schrecklichen Gelächter. Plötzlich war das Gesicht verschwunden. An seiner Stelle befand sich eine winzige, entfernte Gestalt, die wie der Wind den schmalen, dunklen Krankenhauskorridor entlang rannte . Und auch Jeff rannte, voller Hass, und kämpfte verzweifelt darum, die flüchtende Gestalt einzuholen und die Lücke zwischen ihnen zu schließen.

Die Wände waren aus grauem Stein. Conroe rannte schnell und ungehindert. Aber schreckliche Gegenstände flogen aus den Wänden auf Jeff zu. Er stolperte über ein nasses, schleimiges Ding auf dem Boden und fiel auf sein Gesicht. Er rappelte sich wieder auf, als die Gestalt um eine Ecke verschwand. Die Wände um ihn herum waren grau und nass. Er erreichte das Y, wartete, keuchte und schrie seinen Hass durch die leeren, widerhallenden Flure.

Dann plötzlich erhaschte er einen flüchtigen Blick auf die Gestalt und begann erneut zu rennen, doch sie befanden sich nicht mehr im Hoffman Center. Sie rannten einen Hügel hinunter, einen schrecklichen, kargen Hügel, gespickt mit langen Messern, Speeren und Schwertern – glänzende Klingen, die direkt aus dem Boden ragten und im bläulichen Licht schimmerten.

Conroe war weit vorne und bewegte sich geschickt durch den Schwertkampf. Aber Jeff konnte seinem Weg nicht folgen, denn neue Messer schossen vor ihm auf, schnitten ihm die Knöchel auf und zerrissen seine Kleidung. Er keuchte, fast erschöpft, als die Gestalt in der Ferne verschwand. Jeff sank zu Boden und schluchzte, sein ganzer Körper zitterte. Und die Stimme schrie ihm spöttisch ins Ohr: *Du wirst ihn nie kriegen, Jeff. Egal wie sehr du es versuchst, du wirst ihn nie bekommen ... niemals ... niemals ... niemals ...*

Aber ich muss, ich muss. Ich muss ihn finden und töten. Papa hat mir gesagt, ich solle –

Er wachte mit einem Ruck auf, seine Schreie hallten immer noch durch den stillen Raum, Schweiß lief ihm von Stirn und Körper und durchnässte seine Kleidung. Er saß kerzengerade da. Er suchte nach seiner Uhr, konnte sie aber nicht finden. *Wie lange hatte er geschlafen?*

Sein Blick schoss zum gegenüberliegenden Bett, das leer dastand, und er rollte sich auf die Füße. Er hatte das schreckliche Gefühl, dass die Welt an ihm vorbeigegangen war, dass er im Schlaf etwas Wichtiges verpasst hatte.

Er starrte auf sein Handgelenk. Die Uhr war definitiv weg. Dann durchquerte er mit einem Fluch den Raum und riss Blackies Fußschrank auf. Tatsächlich lag die Uhr mit dem Haufen Goldschmuck auf dem schmutzigen Wäschestapel. Er starrte darauf, während er es wieder an seinem Handgelenk befestigte. Dann ging er in die Toilette, spritzte sich kaltes Wasser ins Gesicht und versuchte, das heftige, schmerzhafte Pochen in seinem Kopf zu unterdrücken. Die Uhr zeigte halb acht. Er hatte fünf Stunden geschlafen – fünf kostbare Stunden für Conroe, um sich zu verstecken, seine Spuren zu verwischen und tiefer in diesem Sumpf aus menschlichem Müll zu verschwinden.

Jeff stolperte zur Tür, blickte hinaus und sah zwei grau gekleidete Wachen im Korridor vorbeigehen. Leise zog er die Tür zu. Sein Magen schrie vor Hunger und er durchsuchte ruhelos den Raum. Schließlich entdeckte er eine Schachtel Cracker und ein Viertel Pfund Käse im Boden von Blackies Spind. Er aß hungrig und trank etwas Wasser aus dem Wasserhahn. Dann ließ er sich auf die Bettkante sinken.

Wieder der Traum, derselbe schreckliche, beängstigende, verzweifelte Traum – der Traum, der immer wieder auftauchte; immer anders und doch immer gleich. Dasselbe Gesicht, das ihn sein ganzes Leben lang verfolgt hatte, das Gesicht, das ihn an jenem Tag vor fünf Jahren fast in den Wahnsinn getrieben hatte, als er ihm zum ersten Mal von Angesicht zu Angesicht begegnete; das Gesicht des Mannes, den er bis ans Ende der Welt gejagt hatte. Aber er hatte den Mann nie erwischt, nie hatte er ihn gesehen, außer für einen kurzen Blick. Conroe war jeder Falle entwischt, bevor sie zuschnappte. Doch schließlich war er so verzweifelt, dass er gezwungen war, sich auf eine Einbahnstraße zurückzuziehen, die zu einem höllischen Tod führte.

Jeff schüttelte hoffnungslos den Kopf, während er versuchte, die Situation zu verstehen. Er befand sich in einer Halbwelt geiziger Männer und Frauen, die darauf aus waren, sich für unglaubliche Löhne zu verkaufen. Es war eine Halbwelt, die Jeff nur geringfügig verrückter vorkam als die verzerrte, intensive Welt aus Druck, Angst und Unsicherheit, die außerhalb des Hoffman Centers lag. Und in dieser Halbwelt gab es einen Arzt, der wusste, dass Jeff ein Betrüger war, ein kleptomanisches Mädchen, das dachte, er sei süchtig, und irgendwo – die schlanke Gestalt des Mannes, den er jagte.

Wieder ging er zur Tür. Nachdem er vorsichtig hinausgeschaut hatte, ging er den Korridor entlang. Vom anderen Ende hörte er lautes Gelächter, den Klang vieler Stimmen. Der Geruch von Kaffee wehte den Korridor entlang und verlockte ihn. Er folgte den Geräuschen und erreichte den großen, langen Raum, der den Mercy Men seiner Einheit als Aufenthaltsraum und Bibliothek diente.

Der Raum war überfüllt. Ein Dutzend Gruppen saßen in rasender Aufregung zusammengedrängt auf dem Boden. Der Raum war blau vom Zigarettenrauch und die Lichter an den Wänden leuchteten grell. Er sah, wie die Würfel in der Mitte der Gruppen rollten, und er sah auch ein halbes Dutzend Tische, an denen sich Menschen mit strahlenden Augen drängten. Er hörte das Geräusch von Spielkarten und das raue, angespannte Lachen eines Gewinners, der einen Pot zog. Und dann erspähte er den bösen Franzosen, dessen Augen vor Aufregung leuchteten, in der einen Hand eine Tasse extrem schwarzen Kaffees und in der anderen einen Stapel weißer Papieranhänger.

Er grinste Jeff mit unverhohlener Bosheit an und sagte: „Komm rein, kluger Kerl. Es fängt gerade erst an, heiß zu werden."

Blinzelnd betrat Jeff den Raum.

KAPITEL FÜNF

Sein erster Impuls war, sich umzudrehen und zu rennen. Es gab keine Erklärung, keine Erklärung für das Gefühl der Angst und Gefahr, das ihn überkam, als er den Raum betrat. Das Gefühl überkam ihn mit fast überwältigender Intensität; Hier stimmte etwas unerträglich nicht.

Jeff ging langsam hinein und schloss die Tür hinter sich. Die Tür schien fest zugezogen, aus seiner Hand gesaugt worden zu sein. In diesem Moment traf die Spannung in der Luft Jeff wie eine fast physische Kraft und sein Geist erfüllte sich mit Angst.

Niemand bemerkte ihn. Er blickte sich neugierig um. Er beobachtete, wie sich der böse Franzose seinen Weg durch die Menge bahnte. Eines von Silly Giggins besonders aufwühlenden Nervositäts-Jazz-Arrangements war das Kreischen eines Spielers irgendwo im Raum, und die Luft selbst war erfüllt von einem gezackten Gesprächsrasseln, das die Musik übertönte.

Die meisten Gesichter waren für Jeff neu. Es waren müde, alte Menschen, unauslöschlich gezeichnet von Furchtfurcht und verzweifelter Hoffnungslosigkeit. Es gab Gesichter mit angespannten, zusammengepressten, blutleeren Lippen; Gesichter mit Augen voller Kälte und Zynismus und Gesichter, die scharfe, perverse Intelligenz ausstrahlen.

Die Menschenmenge lehnte sich angespannt um die Tische und beobachtete die Karten mit eifrigen, berechnenden Augen. Beim Öffnen der Hände wurden Nebenwetten abgeschlossen. Andere Gruppen drängten sich auf dem Boden und beobachteten die Würfel mit wachsamen, geizigen Augen.

Die Musik klirrte und kratzte, und kleine, schallende Gelächter brachen aus, um mit ihr zu wetteifern. Und durch all das ging das erschreckende, unausweichliche Gefühl eines Irrtums, von etwas, das übersehen wurde, von etwas, das fürchterlich schief gelaufen ist.

Er bewegte sich langsam durch den Raum und suchte die Gesichter um sich herum. Sein Blick fiel für einen kurzen Moment auf den von Blackie am anderen Ende des Raumes, und die Kälte, dass etwas schief gelaufen war, verstärkte sich und jagte ihm ein Schaudern über den Rücken. Er stoppte einen Passanten und deutete auf die nächste Würfelgruppe. „Wie kommst du rein?" er hat gefragt.

Der Mann zuckte mit den Schultern und sah ihn seltsam an. „Du legst dein Geld hin und spielst", schnappte er. „Wenn du kein Geld hast, kannst du auf die Auszahlung des nächsten Jobs wetten. ‚Smatter, Jack, bist du neu hier?' Und der Mann ging kopfschüttelnd weiter.

Jeff nickte, als ihm die Erkenntnis verblüffte. Was wäre für eine Gruppe von Menschen, die Tag für Tag am Rande des Todes stehen, natürlicher? Das Bedürfnis nach Aufregung und Aktivität wäre in einem so düsteren Gefängnisort wie diesem übermächtig. Und angesichts der riesigen Geldsummen, mit denen er noch nicht wetten konnte, schauderte Jeff. Verdrängungsspiele, ja, aber konnten sie diese seltsame Spannung, die er spürte, wirklich erklären? Oder war etwas passiert, etwas, das die Atmosphäre veränderte und jeden Winkel des Raumes mit einem Hauch explosiver Spannung erfüllte?

Jeff ging auf den bösen Franzosen zu. Der kleine Mann trank Kaffee in der Ecke. Er sog an einer langen, schwarzen Zigarre und schien sich in einem intensiven Gespräch mit einem kahlköpfigen Riesen zu befinden, der an der Wand lehnte. Jeff entdeckte Blackie erneut. Sie lag auf den Knien auf der anderen Seite des Raumes. Sie stand einem kleinen Mann mit den Buckelzähnen gegenüber, während sie schnell die drei farbigen Würfel rollte. Ihre Augen folgten ihnen, schnell und unnatürlich leuchtend.

Jeff schüttelte den Kopf. Panmumjon war ein Hochgeschwindigkeits- und Hochspannungsspiel – ein Spiel für Spieler mit stählernen Nerven. Seine berühmten Sackgassen hatten oft zu Morden geführt, da die Töpfe immer höher stiegen. Das Mädchen schien zu gewinnen. Sie ließ die Würfel mit tranceartiger Regelmäßigkeit würfeln, und das Gesicht des kleinen Mannes mit den Buckelzähnen verfinsterte sich, als sein Geldhaufen schrumpfte.

Auf der anderen Seite des Raumes spielte sich zügig ein Corner-Crap-Spiel ab, bei dem schwindelerregende Geldbeträge von Hand zu Hand wechselten; Die Kartenspiele waren zwar langsamer, hinterließen aber Spuren ihrer Anspannung in den Gesichtern der Spieler. Jeff starrte immer noch, bis er jedes Gesicht im Raum gesehen hatte. Paul Conroes Gesicht gehörte nicht dazu.

Nein, damit hatte er nicht gerechnet. Aber was war passiert? Es war wahnsinnig, dort zu stehen, die Spannung im Raum zu spüren, das Gefühl, dass sie immer größer wurde, bis sie an seinen Schläfen zu pochen schien. Niemand sonst schien es zu bemerken. War er der Einzige, der die Veränderung in der Luft, in den Geräuschen und sogar in der Farbe des Lichts an den Wänden wahrnahm? Etwas trieb ihn dazu, drängte ihn zu rennen, wegzukommen, den Raum zu verlassen, solange er noch konnte. Doch als er versuchte, die schleichende, giftige Angst zu analysieren und sie festzunageln, drang sie in die Randbereiche seines Bewusstseins vor und verspottete ihn.

Schließlich erreichte er die Ecke des Raumes. Sein Ohr hörte die nasale Stimme des bösen Franzosen und er erstarrte, als er den kleinen Mann anstarrte.

Schiml noch nie so aufgeregt gesehen . Und dann sagte Shaggy Parsons, dass die ganze Einheit aufgeteilt würde – das ist die A-Einheit. Ich habe ihn gesehen, als ich durchging." heute Nachmittag. Er war auch ganz aufgeregt.

„Aber warum sollte man es aufteilen?" Der riesige kahlköpfige Mann namens Harpo knurrte und verzog angewidert seine schweren Lippen. „Ich vertraue Shaggy Parsons nicht umsonst , und ich denke, man hört, was man hören will. Was soll das? Schiml kommt mit der Arbeit, bei der er uns einsetzt, gut zurecht –"

Der böse Franzose wurde rot. „Das ist es einfach: Wir waren drin und werden wieder draußen sein, mitten in der Kälte. Verstehst du das nicht? Irgendwas wird kaputtgehen. Sie haben etwas auf der Spur – Schiml und seine Jungs – etwas groß. Und sie haben einen neuen Mann, jemanden, auf den sie sich freuen, jemanden, der Mauern einreißt, nur weil er sie nur ansieht, oder so …"

Harpo gab einen angewiderten Laut von sich. „Du meinst, wieder die alte ESP-Geschichte. Vielleicht gehen sie also noch einmal auf Spukjagd. Sie werden darüber hinwegkommen, genauso wie beim letzten Mal oder beim Mal zuvor."

Die Stimme des bösen Franzosen war angespannt. „Aber sie *verändern Dinge* . Und Veränderungen bedeuten Ärger." Er warf Jeff einen Blick zu und zog die Augenbrauen hoch. „Sehen Sie, sie machen sich auf eine Arbeitslinie ein, sie weisen Männern unterschiedliche Teile eines Jobs zu, sie planen die Arbeit Monate im Voraus. Dann kommt plötzlich etwas Neues. Sie sind von etwas begeistert und werfen etwas raus Ein paar Dutzend Arbeiter, ein paar Dutzend neue, neue Honorare, andere Arbeit. Und am Ende geben sie jemandem den besten Lohn, der gerade erst reingekommen ist. Das gefällt mir nicht. Ich war auch schon an diesem Ort Lange. Ich hatte hier zu viele harte, miese Jobs, um einfach beiseite geschoben zu werden, weil sie zufällig nicht mehr daran interessiert sind, was sie mir vorher angetan haben. Und sie erzählen es uns nie! Wir wissen es nie genau. Wir müssen nur abwarten, raten und hoffen.

Die Augen des kleinen Mannes leuchteten. „Aber wir können einige Dinge aufschnappen, ein wenig hier, ein wenig dort – nach einer Weile lernt man, wie. Und ich kann Ihnen sagen, dass etwas nicht stimmt, dass etwas passieren wird. Man kann es sogar hier drinnen spüren."

Jeff bekam eine Gänsehaut. Das war es natürlich. Da stimmte etwas nicht. Aber es war noch nicht passiert. Es würde passieren. Er starrte auf eine zusammengedrängte Gruppe um ein Panmumjon- Spiel und sah zu, wie die bunten Würfel hin und her rollten, hin und her. Ein Neuling, hatte der böse Franzose gesagt, jemand, der hereingekommen war und den reibungslosen

Arbeitsablauf des Zentrums gestört hatte, jemand, der die Ärzte plötzlich aufgeregt hatte. Jemand, den sie einsetzen wollten – auf Spukjagd.

Was für eine Gespensterjagd? Warum diese Wortwahl? Könnte Conroe möglicherweise der Neuzugang sein, über den sie gesprochen hatten? Es schien nicht möglich, dass es so plötzlich hätte passieren können, wenn Conroe derjenige gewesen wäre – aber wer? Und was hatte das mit dem ständig wachsenden Gefühl der drohenden Gefahr zu tun, das den Raum gerade jetzt erfüllte?

Jeffs Blick wanderte zum Würfelspiel und die Angst in seinem Kopf steigerte sich plötzlich zu einem kreischenden Strom. *Geh weg, Jeff. Schau nicht zu, schau nicht* – Er runzelte die Stirn und war plötzlich wütend. Warum nicht schauen? Was war an einem Würfelspiel so gefährlich? Er ging zu der nahegelegenen Gruppe und beobachtete fasziniert die sich bewegenden Würfel. *Nein, Jeff, nein, tu es nicht, Jeff* – Fluchend fiel er auf die Knie und griff nach den Würfeln.

"Du in?" fragte jemand. Jeff nickte, sein Gesicht war wie ein Stein. Die Stimme hatte aufgehört, in seinem Ohr zu schreien, und jetzt wuchs etwas anderes in seinem Kopf: eine wilde Erregung, die ihm den Atem stockte und wie ein Wirbelwind durch sein Gehirn fegte. Seine Augen funkelten und er zog Geld aus seiner Tasche. Er legte die Scheine auf den Boden und seine Hände schlossen sich um die Würfel.

Er stand einem kleinen Mann mit Pickelgesicht und schwarzen Knopfaugen gegenüber, hob die drei bunten Würfel und rollte sie in das vertraute Muster. Die Würfel waren nach vier Würfen festgefahren. Mit neuen Würfeln hat er noch sieben weitere ausgeschwitzt. Dann bemerkte Jeff, dass sich die Wahrscheinlichkeit änderte, erhöhte den Einsatz bei seinem nächsten Wurf und hielt den Atem an, als der Mann, der ihm gegenüberstand, mitspielte.

Die Würfel rollten, gerieten erneut in eine Sackgasse, und die Menge um sie herum schnappte nach Luft und rückte näher um sie herum. Der dritte Würfelsatz wurde herausgeholt, für die Versuche, den Block zu durchbrechen. Dann folgte ein vierter Satz, in dem sich die komplexe Struktur des Spiels wie ein Kartenhaus aufbaute. Dann erreichten Jeffs Würfel endlich die kritische Zahl, und die Struktur begann auseinanderzubrechen – ein Wurf nach dem anderen fiel ihm immer schneller in die Hände.

Vier oder fünf Leute traten mit Nebenwetten an seine Seite und begannen mit ihm zu sammeln, während er in ein anderes Spiel ging und es aufbaute. Dieses Mal verlor er die Fassung, aber er spielte trotzdem weiter und seine Aufregung wuchs.

Und dann brach plötzlich ein Tumult im Raum aus. Die Augen blickten erschrocken zu den beiden Männern am anderen Ende des Raumes, die sich mit leuchtenden Augen gegenüberstanden.

„Wirf sie runter! Mach weiter! Wirf sie und sieh, wie sie landen!"

Jemand rief: „Was ist passiert, Archie?"

„Irgendwie hat er hier drin Würfel geladen." Archie zeigte mit dem Finger anklagend auf den anderen Mann. „Sie fallen nicht richtig. Da stimmt etwas nicht mit ihnen …"

Der andere Mann knurrte. „ Du gewinnst also nicht mehr – na und? Du hast die Würfel selbst mitgebracht."

„Aber die Chancen stehen nicht gut. Da ist etwas Komisches im Gange."

Jeff wandte sich wieder den Würfeln zu, seine Gedanken schrien noch immer, er spürte, dass die Katastrophe wie ein schweres Schwert in der Luft hing. Sein eigenes Spiel ging immer schneller voran. Irgendwo auf der anderen Seite des Raumes brach ein weiterer Kampf aus, und noch einer. Mehrere Männer brachen die Spiele ab und stellten sich an die Wände. Ihre Augen waren vor Wut weit aufgerissen, als sie die anderen Spieler beobachteten. Und dann würfelte Jeff vierzehn Mal hintereinander drei Sechser. Er warf die Würfel fluchend vor seinen gaffenden Gegnern auf den Boden und ging zitternd zurück zur Ecke. Der ganze Raum drehte sich um seinen Kopf.

Plötzlich waren die Wahrscheinlichkeiten in diesem Raum verrückt geworden. Er konnte die wechselnde Instabilität der Atmosphäre spüren, die für ihn so real und bedrückend war, als ob sie fest wäre und er versuchte, durch sie hindurchzuwaten. Das war es, was ihn beunruhigte und plagte. Ganz plötzlich und ohne Erklärung begann etwas Unmögliches zu geschehen. Die Karten begannen in unglaublicher Reihenfolge zu fallen und wiederholten sich mit idiotischer Regelmäßigkeit; Würfel hatten den Gesetzen der Schwerkraft getrotzt, als sie auf den Tischen und dem Boden kreisten.

Ein Tumult erfüllte den Raum, als die Spieler stehen blieben und einander anstarrten, unfähig zu begreifen, was für ein Unmögliches sich vor ihren Augen abspielte. Und dann ging Blackie an Jeff vorbei, ihr Gesicht war gerötet, und in ihren Augen lag ein seltsamer Funke der Verzweiflung.

Ein Impuls ging Jeff durch den Kopf. Er streckte einen Arm aus und stoppte das Mädchen. „Spiel", sagte er scharf.

Ihre Augen blitzten ihn an. "Welches Spiel?"

"Irgendetwas." Er hielt ihr sein Handgelenk vor die Augen und zeigte ihr die goldene Uhr. „Darum können wir spielen."

Etwas flackerte für einen Moment in ihren Augen auf, bevor sie die Kontrolle erlangte. Dann kniete sie nieder und schob die Ärmel hoch. Ein angespannter Ausdruck von Angst und Schrecken verfolgte ihre Augen, als sie zu Jeff aufblickte. „Etwas passiert", sagte sie leise. „Die Würfel – sie stimmen nicht."

„Ich weiß es. Warum nicht?" Seine Stimme war heiser, sein Blick war hart auf ihr Gesicht gerichtet.

Sie warf ihm einen verwirrten Blick zu. „Es gibt keinen Grund. Nichts ist anders, aber die Würfel fallen nicht richtig. Das ist alles, sie tun es einfach nicht."

Jeff grinste schmal. „Los, wirf sie."

Sie warf die Würfel, sah sie auf dem Boden tanzen und fing ihre Zahl. Jeff rollte sie, schlug sie darauf und hob das Geld auf. Er rollte noch einmal, dann noch einmal. Die Enge um die Augen des Mädchens wuchs; Kleine, angespannte Falten verhärteten sich in der Nähe ihres Mundes. Nervös steckte sie sich eine Zigarette in den Mund, zündete sie an und zog, während die Würfel rollten.

Sie hat verloren. Sie hat erneut verloren. Um sie herum nahmen die Nebenwetten zu, und die Leute, die zusahen, bemerkten die Spannung, die sich aufbaute.

"Was passiert?"

„Die Würfel – mein Gott! Sie sind verrückt geworden!"

„Blackie verliert. Was denkst du?"

„-verlieren? Sie verliert nie beim Würfeln. Wer ist der Typ?"

„Ich habe ihn noch nie gesehen. Schau mal, er hat noch einen genommen! Diese Würfel sind verhext."

„Meine Karten waren auch verrückt: King High Full jedes Mal, ein Dutzend Hände hintereinander. Wie kann man auf so etwas wetten, frage ich dich."

Die Schallplatte von Silly Giggins kreischte lauter und gab dann ein Quietschen von sich, als die Schallplatte plötzlich in tausend Stücke zersprang. Jemand fluchte und warf ein Kartenspiel auf den Boden, und im ganzen Raum brach ein Schrei aus. In einer Gruppe kam es plötzlich zu Auseinandersetzungen; Mehrere Würfelspiele verschärften sich zu blutigen Auseinandersetzungen zwischen Individuen. Plötzlich brach ein Mann in Tränen aus und setzte sich mit angeschlagenem Gesicht in die Hocke. „So können sie nicht handeln", jammerte er. „Sie *können einfach nicht –*"

Jeffs Augen beobachteten die sich drehenden Würfel und wieder schrie etwas in seinem Ohr. Er hatte das Gefühl, sein Kopf würde platzen, aber er rollte weiter und sah, wie sich das Gesicht des Mädchens mit jedem Wurf verdunkelte. Er sah die Angst aus ihren blauen Augen strahlen. Plötzlich stieß sie einen Fluch aus, riss Jeff die Würfel aus der Hand und warf sie scharf durch den Raum. Sie starrte Jeff giftig an und starrte dann die Menschen um sie herum an, als wäre sie ein in die Enge getriebenes Tier.

„Das liegt an euch allen", knurrte sie. „Du bringst sie gegen mich auf. Du bringst sie in die Irre." Sie spuckte auf den Boden und ging zur Tür. Jeff folgte ihr, spürte aber eine zurückhaltende Hand auf seinem Arm.

„Lass sie in Ruhe", sagte der böse Franzose. „Wenn du es nicht tust, wirst du Probleme bekommen. Verstehst du, was ich damit gemeint habe, dass etwas nicht stimmt? Die ganze Menge hier ist nervös, als ob jemand sie aufheben und wegwerfen würde. Wer hat jemals Würfel fallen sehen? in diese Richtung, oder Karten fallen in diese Richtung" – die Augen des kleinen Mannes blitzten verschlagen – „ *es sei denn, jemand hätte sie kontrolliert* ."

Jeffs Atem ging schneller, als er den fiesen Franzosen anstarrte, und seine Stimme war heiser. "Worüber redest du?"

Die Lippen des kleinen Mannes verzogen sich wütend. „Du hast' gesehen, was hier passiert ist, nicht wahr?"

Jeff wandte sich wütend ab. Mit angespanntem Kiefer schlängelte er sich durch die Menge, als er zur Tür ging. Der böse Franzose konnte die Wahrheit nur erahnen, aber jemand anderes sah mehr, viel mehr. Irgendwie wusste Jeff, dass diese letzte Stunde den Schlüssel zum ganzen Problem enthielt, wenn er es nur sehen könnte. Hier war die Antwort auf das ganze verworrene Rätsel um das Mädchen und Paul Conroe, um Dr. Schiml und die Mercy Men.

Und er wusste, dass das Mädchen auf ihn warten würde, wenn er das Zimmer erreichte. Sie würde mit kaltem Feuer in ihren Augen warten, während sie am Tisch saß und ein kleines Paar farbiger Würfel im trüben Licht vor sich lag.

Jeff eilte den dunklen Korridor entlang, Angst explodierte in seinem Gehirn. Sie würde da sein und er wusste, warum sie rauchen würde, wenn er den Raum betrat. Er hatte ihre Augen gesehen, ihr Gesicht gesehen, als sie gewürfelt hatten . Er wusste ohne jeden Zweifel, wer die Würfel kontrolliert hatte.

Das Mädchen wartete, genau wie er es erwartet hatte. Er betrat den Raum und schloss sanft die Tür hinter sich, blickte ihr verzweifelt in die Augen, während sie die farbigen Würfel vor sich hin und her rollte. „Spiel", forderte sie heraus, ihre Stimme rau und metallisch.

Der Raum war voller stiller Angst, als er ihr gegenüber an den Tisch sank.

KAPITEL SECHS

Jeff streckte die Hand aus und nahm dem Mädchen den Würfel aus der Hand. „Steck sie weg, Blackie", sagte er leise, „Du musst nichts beweisen. Ich weiß –"

„Spiel", wiederholte sie barsch und schüttelte den Kopf.

„Sehen Sie. Denken Sie eine Minute nach. Wissen Sie, was da hinten in diesem Raum passiert ist?"

Ihr Blick fing seinen auf und weitete sich vor Angst. „Spiel", flüsterte sie mit zitternden Händen. „Du musst mit mir spielen!"

Er zuckte mit den Schultern, seine Augen waren müde, als er ihr Gesicht beobachtete. Er nahm die Würfel und rollte sie auf dem Tisch aus. Eine Drei, eine Vier und eine Fünf fielen; Er sah, wie ihr Blick über den Tisch huschte und die Szene aufnahm. Dann streckte sie die Hand aus, ergriff die Würfel und warf sie. Die Feindseligkeit in ihrem Kopf traf ihn und verstärkte die schreckliche Angst, die er bereits empfand. Er kämpfte gegen die Feindseligkeit an, starrte auf die Würfel und umklammerte mit seinen Händen die Tischkante. Und die Würfel tanzten und kamen zur Ruhe: eine Drei, eine Vier und eine Fünf ...

Die Augen des Mädchens weiteten sich und starrten zuerst ihn und dann wieder die Würfel an. Langsam streckte sie die Hand aus, nahm den Würfel mit der Fünf und ließ ihn über den Tisch hüpfen. Es drehte sich und hüpfte – und ließ sich wieder nieder, wobei die fünf freigelegt waren.

Jeff spürte, wie bittere Angst aus den Augen des Mädchens strömte. Der Raum schien vor lauter Spannung zu schreien. Mit zitternden Händen nahm sie die Würfel, warf sie heftig heraus und ballte die Fäuste, als sie fielen. Die drei und vier haben sich sofort geeinigt. Jeff beobachtete, wie sich der dritte Würfel an einer Ecke drehte, sich drehte ... sich drehte ... Er spürte, wie sich seine Muskeln anspannten, wie sein Verstand schrie und sich verkrampfte, während er auf den kleinen Würfel starrte. Es war, als ob eine eiserne Faust sein Gehirn in ihrer Handfläche hielt und es langsam, langsam zusammendrückte. Und der kleine Würfel drehte sich lächerlicherweise weiter und weiter, bis er ganz plötzlich auf die Seite fiel und mit den fünf freiliegenden fünf still lag.

Blackie stieß einen erstickten Schrei aus, ihr Gesicht war bleich. „Dann warst du es." Sie würgte und starrte ihn an, als wäre er ein Geist. „Du hast es dort absichtlich gemacht, die Chancen verspielt, die Dinge verdreht und die Würfel gegen mich gedreht."

Jeff schüttelte heftig den Kopf. „Nein, nein, nicht ich – wir – wir beide. Wir haben gegeneinander gekämpft, ohne es zu wissen –"

Sie hob die Hand zu ihrem Mund und schluckte die Worte ab, während sie ihn anstarrte. Jeff starrte auf die Würfel, sein ganzer Körper zitterte und große Schweißtropfen liefen ihm über die Stirn. Und während er zusah, hüpften die Würfel auf dem Tisch herum wie springende Bohnen, drehten sich ruckartig hin und her und drehten sich auf ihren Rändern in einem schrecklichen, unglaublichen kleinen Tanz. Jeff schüttelte den Kopf, seine Augen weiteten sich vor Entsetzen, als er den Würfeln zusah.

„Du hast es die ganze Zeit gewusst", würgte das Mädchen. „Du bist reingekommen, nur um mich zu quälen, um mich zur Schau zu stellen –"

„Nein, nein." Jeff blickte sie mit großen Augen an. „Ich wusste es nicht, bis ich die Würfel in diesem Raum aufhob. Irgendetwas trieb mich dazu. Ich wusste nicht, was ich tat, bis die Würfel plötzlich das taten, was ich von ihnen wollte – „Er brach keuchend ab. „Ich wusste es nie, ich habe es nie geträumt." Sein Blick suchte flehend den des Mädchens. „Ich habe es nicht verstanden; ich konnte nichts dagegen tun. Ich wusste einfach, dass etwas nicht stimmte Manipulationen an den Würfeln. Als ich dann in deine Nähe kam, wusste ich, dass du es warst."

Das Gesicht des Mädchens arbeitete, Tränen stiegen ihr in die Augen. „Ich musste – ich musste mit ihnen gewinnen."

„Dann wussten Sie, dass Sie es tun!" Jeff starrte sie an. „Und als wir beide anfingen, uns gegenseitig zu manipulieren, gerieten die Wahrscheinlichkeiten, die die Spiele bestimmten, völlig ins Wanken."

Das Mädchen schluchzte, ihr Gesicht in ihren Händen. „Ich konnte es immer kontrollieren. Es hat immer funktioniert. Es war das Einzige, was ich tun konnte, was richtig lief. Alles andere ist immer schief gelaufen." Sie schluchzte wie ein Baby, ihre Schultern zitterten, als sie lautstark und heftig schluchzte.

Jeff beugte sich fast grausam vor, seine Augen brannten auf sie. „Wann hast du herausgefunden, dass du ... Würfel so fallen lassen kannst, wie du es wolltest?"

Das Mädchen schüttelte hilflos den Kopf. „Ich wusste es nicht. Ich hatte keine Ahnung, bis ich hierher kam. Es war das Einzige, bei dem ich gewinnen konnte. Bei allem anderen habe ich verloren. Mein ganzes Leben lang habe ich verloren."

„Was hast du verloren?"

„Alles, alles – alles, was ich berühre, wird schwarz, wird irgendwie sauer."

„Aber was, *was* ?" Jeff beugte sich mit heiserer Stimme zu dem Mädchen .
„Warum bist du hierher gekommen? Wie bist du hierher gekommen?"

Das Mädchen schluchzte erneut und ihre Schultern zitterten vor Schmerz.
„Ich weiß es nicht, ich weiß es nicht. Oh, ich konnte es aushalten, bis zu einer
Grenze, aber dann konnte ich es nicht mehr aushalten . Alles, was ich
versuchte, ging schief; jeder, der in meiner Nähe war, ging auch schief." .
Sogar die Schläger würden nicht funktionieren, wenn ich in der Nähe wäre.

„Welche Schläger?"

Ihre Stimme war schwach und brüchig. „Irgendwelche Schlägereien. Ich war
seit dem Krieg in einem Dutzend, zwei Dutzend. Papa wurde bei der ersten
Bombardierung des Vierten Krieges getötet, als ich noch ein Kind war –
zwölf, dreizehn, ich kann mich nicht erinnern Jetzt ist er gestorben, als er
versuchte, uns aus der Stadt und in das Verteidigungsgebiet nördlich des
Trenton-Abschnitts zu bringen. Strahlenverbrennungen haben ihn erwischt,
vielleicht eine Lungenentzündung, ich weiß nicht. Aber zuerst hat es Papa
und später Mama erwischt."

Sie richtete sich auf und wischte sich mit dem Ärmel über die Augen. „Wir
sind nie aus dem verwüsteten Gebiet herausgekommen. Wir haben eine Zeit
lang Hunde und Katzen getötet, um sie zu essen. Dann, als sich die Lage
wieder beruhigte, stießen wir auf die Inflation, die ausgebrannten Ernten und
das ganze Rattenrennen." Damals kam es zu schweren Unruhen. Zuerst
waren wir Guerillas, dann waren wir Buschjäger. Dann kamen wir wieder in
die Stadt und fingen an, die Reichen abzuschütteln, die aus den Bergen
zurückkamen, wo sie sich versteckten."

„Aber du bist hier reingekommen", knurrte Jeff. „Warum hier, wenn du im
Schlägersport so gut zurechtkommst?"

„Das war ich nicht. Kannst du das nicht verstehen? Das Glück – es lief schief,
immer schlimmer. Und dann wurde ich süchtig nach Drogen. Die
Drogenkontrolle wurde während des Krieges völlig zerstört; Heroin war
allgegenwärtig." Der Ort. Aber sie wussten, dass ich diesen Pech-Fluch hatte.
Sie haben mich dabei erwischt, bis ich völlig süchtig wurde.

Sie zuckte mit den Schultern, ihr Gesicht war ein Musterbeispiel erbärmlicher
Hoffnungslosigkeit. „Sie haben mich hierher geschleppt. Schiml hat mir
seine Liste verkauft. Was konnte ich schon verlieren? Ich war so müde, es
war mir egal. Es war mir egal, ob sie mir das Gehirn rausschlugen oder was
sie mir antaten." Alles, was ich wollte, war zu essen, mit dem Drogenkonsum
aufzuhören und genug Geld zu bekommen, damit ich versuchen konnte,
etwas Anständiges zu finden, bei dem mir das Pech nichts anhaben konnte.
Und es war mir eigentlich egal, ob ich nie rauskam."

„Aber mit den Würfeln, die du gemacht hast."

„Oh ja, mit den Würfeln –" Die Augen des Mädchens flackerten für einen Moment. „Ich habe herausgefunden, dass ich sie dazu bringen kann, für mich aufzustehen und zu reden. Ich habe es gemütlich angestellt und niemanden mitbekommen. Aber sie haben immer für mich gearbeitet, bis heute Abend …"

Jeff nickte, sein Gesicht war weiß. „Bis heute Abend herausgefunden hast, dass du um die Kontrolle gekämpft hast. Denn heute Abend habe ich herausgefunden, dass sie auch für mich reden würden. Und du konntest mich mit ihnen nicht besiegen."

Ihre Stimme war schwach. „Ich – ich konnte sie nicht bewegen. Sie sind so gefallen, wie du sie genannt hast."

„Das ist nicht möglich, wissen Sie", sagte Jeff leise. „Jedes Mal, wenn sie versucht haben, es zu beweisen, haben sie eine Lücke in der Untersuchung entdeckt, irgendetwas stimmte irgendwo nicht. Niemand hat jemals etwas über Psychokinese bewiesen."

Das Mädchen grinste freudlos. „Sie haben hier seit dem ersten Jahr versucht, es zu beweisen. Hin und wieder sind sie ganz heiß darauf. Sie haben gerade jemanden getestet, der sie begeistert hat, und sie werden die ganze Arbeit noch einmal von vorne beginnen."

Jeff beugte sich vor, seine Augen leuchteten. „Ja, ja, wer ist diese Person?"

„Ich weiß es nicht. Ich habe es gerade erst gehört. Ein neuer Rekrut, schätze ich."

„Ein Rekrut namens Conroe?"

Ihre Augen weiteten sich angesichts der Virulenz in seiner Stimme. „Ich – ich weiß es nicht, ich weiß es nicht. Ich habe es nur gehört. Ich weiß nicht einmal, ob es so eine Person *gibt*."

„Wo kann ich das herausfinden?"

Wieder war die Angst in ihren Augen. „Ich – ich weiß es nicht."

Jeffs Stimme war angespannt, sein Blick war in verzweifeltem Eifer auf das Gesicht des Mädchens gerichtet. „Schau, du musst mir helfen. Ich weiß, dass er hier ist. Ich muss ihn finden. Ich habe ihn heute Nachmittag gesehen. Erinnerst du dich, als die Wachen mich hierher brachten? Ich sah ihn auf der Treppe. Ich verfolgte ihn und verlor ihn, aber er ist hier. Er versteckt sich und rennt vor mir weg. Ich muss ihn irgendwie finden. Bitte, Blackie, du kannst mir helfen."

Mit großen Augen blickte sie sein Gesicht an. „Was willst du von ihm? Warum bist du hinter ihm her? Ich möchte in nichts verwickelt werden –"

„Nein, nein, es bringt dich nicht durcheinander. Schau, ich möchte ihn töten. Kurz und bündig, nichts weiter – töte ihn einfach. Ich möchte eine Kugel in sein Gehirn schicken, zusehen, wie sein Gesicht herausspritzt, schau, wie seines Schädel bricht auf. Das ist alles was ich will, nur eine Kugel –"

Jeffs Stimme war leise, die Worte rissen sich aus seiner Kehle und der Hass in seinen Augen war giftig, als er über das Gesicht des Mädchens huschte. „Er verfolgt mich, seit Jahren verfolgt er mich." Jeffs Stimme wurde leiser, und die Worte durchbrachen die Stille im Raum in einem heiseren, schrecklichen Rhythmus. „Er hat meinen Vater getötet. Dieser Conroe – er hat meinen Vater wie ein Tier abgeschlachtet und ihn kaltblütig erschossen. Es war schrecklich, rücksichtslos. Conroe war der Attentäter. Er hat meinen Vater getötet, ohne einen Gedanken an Gnade im Kopf zu haben. Und ich." liebte meinen Vater, ich liebte ihn mit all der Liebe, die ich hatte. Er starrte das Mädchen an. „Ich werde den Mann töten, der meinen Vater getötet hat, wenn ich bei dem Mord selbst sterben muss."

„Und dieser Mann ist hier?"

„Dieser Mann ist hier. Ich habe ihn jahrelang gejagt. Dies war sein letzter Ausweg, sein letzter verzweifelter Fluchtversuch. Er konnte sich nirgendwo anders umdrehen. Ich habe die Außenseite festgebunden, damit er es nicht wagt Geh. Jetzt muss ich ihn hier aufspüren. Ich muss ihn finden und töten, bevor ich geschnappt werde, bevor ich getestet und klassifiziert werde. Ich muss schnell handeln und brauche Hilfe . Ich brauche so sehr Hilfe."

Das Mädchen beugte sich zu ihm und starrte ihn mit dunklen Augen an. „Die Würfel", sagte sie leise. „Ich habe es gemütlich gemacht. Ich könnte es immer noch – wenn du mich lässt."

Seine Augen weiteten sich. „Alles, was Sie sagen", sagte er. „Wir machen es gemütlich miteinander. Aber ich brauche Grundrisse des Ortes und Informationen darüber, wie man den Wachen aus dem Weg geht. Ich muss wissen, wo ihre Aufzeichnungen aufbewahrt werden, ihre Listen, Dienstpläne und Arbeitspläne." "

„Dann ist es ein Deal?"

Sein Blick fing ihren Blick auf, und für einen Moment sah er etwas hinter der Maske, die sie trug, etwas von der Angst, die dort hinten lag, etwas von einem kleinen Kind, das gegen alle Widrigkeiten kämpfte, um in der Welt Fuß zu fassen. Dann war die Barriere wieder hoch und ihre Augen waren leer und verrieten nichts.

Jeff streckte seine Hand aus, berührte leicht ihre Handfläche und ballte ihre Finger. „Es ist ein Deal", sagte er.

Die Fahrt durch den Korridor war ein Albtraum. Jeffs Gedanken schwankten noch immer von der unglaublichen Entdeckung der Würfel, der plötzlichen, unglaublichen Erkenntnis, dass er und Blackie schweigend und erbittert um die Kontrolle gekämpft hatten, mit einer Wut, die irgendwie die Wahrscheinlichkeitskurve in dem Raum, in dem sie sich befanden, durchbrochen hatte sie waren gewesen. Wie konnte er an so etwas beteiligt sein? Er hatte nie Grund zu der Annahme gehabt, dass er über eine solche Macht verfügen könnte, doch hier gab es Beweise, die er nicht ignorieren konnte. Und wie passte es in die Frage von Paul Conroe und dem mysteriösen Rekruten der Mercy Men, der gerade getestet worden war?

Ganz plötzlich kam Jeff ein Gedanke. Es kam mit solch einer Wucht, dass er abrupt stehen blieb. Es war so einfach, so unmöglich und doch nicht unmöglicher als die Dinge, die er bereits mit eigenen Augen gesehen hatte. Denn die unglaubliche Erfolgsbilanz von Conroe und die unglaubliche Regelmäßigkeit, mit der Conroe es immer wieder geschafft hatte, einer Gefangennahme zu entgehen, schienen zu viel, um sie als Zufall zu akzeptieren. Und wenn Conroe tatsächlich über latente außersinnliche Kräfte verfügte, könnte er weiterhin aus einer Falle nach der anderen schlüpfen – *es sei denn, Jeff könnte diesen Kräften eigene Kräfte entgegensetzen* .

Jeff fluchte in seinen Zähnen. Wie konnte er das sagen? Er hatte keine Beweise dafür, dass Conroe über irgendwelche außersinnlichen Kräfte verfügte, und sicherlich gab es kaum Hinweise darauf, dass er über mehr als die meisten verborgenen Kräfte verfügte. Es gab so viele, viele Möglichkeiten und so wenig konkrete Beweise, um weiterzumachen.

Und wenn Conroe über solche Kräfte verfügte, warum war er dann so überrascht gewesen, Jeff auf der Treppe zu treffen? Warum war der Ausdruck der Angst und des Unglaubens auf seinem Gesicht zu sehen? Jeff warf einen Blick auf seine Uhr und sah, wie sich der Minutenzeiger auf elf Uhr dreißig bewegte. Er musste sich beeilen, denn die Wachen würden in wenigen Augenblicken die Rolltreppe hinunter sein. Und diese Gedanken könnten zu nichts führen. Conroe war erschüttert, als er Jeff sah. Es muss ein schrecklicher Schock für ihn gewesen sein, zu erkennen, dass der Jäger ihm gefolgt war, sogar in diese Todesfalle, zu wissen, dass der Jäger die Außenseite so gut bewacht hatte, dass er, der Gejagte, niemals herauskommen konnte. Nun wäre Conroe gezwungen, darauf zu wetten, dass er erwischt und als Mercy Man eingesetzt wird. Ja, es muss ein schrecklicher Schock für Conroe gewesen sein, der einen letzten, sengenden

Angststoß in seinen ohnehin schon verzweifelten Geist trieb. Und was hätte er versucht?

Tausend Ideen schossen Jeff durch den Kopf. Er wartete auf den Test. Vielleicht war Conroe irgendwie schon getestet worden? Könnte es Jeff gelingen, Schiml aufzuhalten , insbesondere wenn die Gerüchte, die in den dunklen Korridoren kursierten, wahr wären? Es gab keine sichere Möglichkeit, es zu sagen. Alles, was Jeff tun konnte, war, die Aktenräume zu durchsuchen, zu denen Blackie ihn geschickt hatte.

Er blieb am Eingang der Rolltreppe stehen und brütete über dem Grundriss, den Blackie für ihn entworfen hatte. Er entdeckte die Rolltreppe und orientierte sich an dem Plan. Die Aktenräume befanden sich zwei Stockwerke tiefer. Wenn er sie erreichen könnte, ohne angehalten zu werden ... Er bewegte sich lautlos auf den unteren Schacht und suchte ständig nach einem graugekleideten Herumtreiber.

Am Fuß der Rolltreppe blieb er stehen. Drei Männer in Weiß schoben eine Trage den Korridor entlang. Jeff warf einen schnellen Blick auf die zuckende Gestalt unter der Decke. Dann schaute er hastig weg. Einer der Männer trat zurück und winkte ihm scharf zu, als er die Treppe verließ. Der Mann trug noch immer die OP-Maske um den Hals hängend und seine Haare waren fest von der grün gestrickten OP-Haube umschlossen.

Der Arzt legte einen Daumen über die Schulter und zeigte auf den Flur. „Kommst du, um die Pumpe zu reparieren?"

Jeff blinzelte schnell. „Das stimmt", krächzte er. „Ist – ist Jerry schon mit den Werkzeugen gekommen?"

„Noch ist niemand reingekommen. Wir sind gerade fertig geworden. Ich bin seit drei Uhr nachmittag dort drin, und die verdammte Pumpe ist mittendrin kaputt gegangen. Ich musste den armen Kerl von Hand absaugen, und wenn Sie glauben, dass das keine Arbeit ist –" *Der* Arzt wischte sich den Schweiß von der Stirn. „Lass es besser heute Abend reparieren. Wir haben um acht Uhr morgens noch eins in Betrieb und müssen die Pumpe haben."

Jeff nickte und ging den Flur entlang, sein Herz pochte wie wild gegen seine Rippen. Er erreichte die offene Tür zu einem der Operationssäle. Er schlüpfte schnell in den kleinen Nebenraum der Umkleidekabine und schnappte sich eines der Talare und Mützen von der Wand.

Wenn sie so spät noch operierten, war das eine himmlische Chance. Kein Wachmann würde ihn belästigen, wenn er das Weiß eines Arztes oder das Grün eines Chirurgen tragen würde. Er schlüpfte in den unförmigen Kittel, band ihn schnell auf dem Rücken fest und streifte sich die Mütze über den

Kopf. Schließlich fand er eine Maske, die er sich unter die Ohren klemmte, wie er sie bei den Ärzten auf den Fluren gesehen hatte.

Einen Augenblick später war er wieder auf der Rolltreppe und fuhr in die nächste Etage hinab. Am Fuß der Treppe begann er schnell den Korridor entlangzugehen, den Blackie ihm gezeigt hatte, und warf im Vorbeigehen einen Blick auf jede Tür. Unter den ersten beiden befanden sich Lichter, was darauf hindeutete, dass es sich offenbar um noch genutzte Operationssäle handelte. Schließlich blieb er vor einer großen, schweren Tür stehen, auf deren Holztafel ein einfaches Schild gemalt war: NUR FÜR COMPUTERTECHNIKER. Er versuchte die Tür zu öffnen und stellte fest, dass sie verschlossen war. Schnell blickte er den Korridor auf und ab, ballte die Faust und trieb sie mit einem Knirschen durch die Wand. Dann suchte er drinnen nach dem Schloss.

Im Nu war er drinnen. Das zerrissene Loch in der Verkleidung starrte ihn wütend an. Er öffnete die Tür weit, schaltete die Deckenbeleuchtung ein und tauchte den Raum in helles Neonlicht. Dann zog er das blassgrüne Kleid fester um sich und ging durch den Raum zu der riesigen Aktentafel, die ihm gegenüberstand.

Es war nicht seine erste Erfahrung mit den riesigen Lochkartendateien, die in Organisationen, in denen die Anzahl und Menge der Aufzeichnungen die menschlichen Mitarbeiter zu langsam oder ungeschickt machten, so notwendig geworden waren. Jeff ging schnell zum Hauptkontrollpult und suchte nach dem Abschnitt und dem Kodierungssystem für Forschung: Fachpersonal.

Zuerst würde er es mit der einfachen Codierung von Conroes Namen versuchen, für den Fall, dass Conroe mit seinem eigenen Namen hereingekommen war. Jeff überprüfte die Codierung noch einmal, drückte die Knöpfe, die die Karten alphabetisch durchblättern würden; Dann wartete er, während die Maschine kurz surrte. Unten an der Steuerplatine leuchtete eine Anzeige auf, auf der die beiden Worte „ KEINE INFORMATIONEN" STANDEN .

Jeffs Finger strichen erneut über die Codiertafel, als er begann, eine Beschreibung einzugeben. Er kodierte Größe, Gewicht, Augenfarbe, Haarfarbe, Knochenkontur, Lippenform – jede andere beschreibende Kategorie, die ihm einfiel. Dann drückte er erneut auf die Schaltfläche „Suchen".

Diesmal fielen mehrere Dutzend Karten herunter. Er nahm sie aus dem Auswurfschlitz und blätterte sie langsam durch, wobei er einen Blick sowohl auf das kleine Foto, das jeder Karte beigefügt war, als auch auf das kleine Codesymbol „Zulassungsdatum" oben auf jeder Karte warf. Wieder fand er nichts. Angewidert probierte er das gleiche System noch einmal und fügte dieses Mal zwei einschränkende Codierungssymbole hinzu: Fachpersonal und Kürzliche Zulassung. Und wieder waren die Karten negativ. Kein einziger von ihnen konnte möglicherweise mit Paul Conroe in Verbindung gebracht werden.

Jeff setzte sich an den Schreibtisch mit Blick auf die Tafel und suchte in seinem Geist nach einer anderen Möglichkeit, sich zu identifizieren. Plötzlich kam ihm ein Gedanke. Er durchsuchte seine Tasche nach einer Fotobrieftasche und zog das kleine Foto von Conroe in Ausweisgröße hervor, das er zu Identifikationszwecken bei sich trug.

Als er das Panel durchsuchte, fand er schließlich den Steckplatz, den er suchte: die kleine fotoelektronische Kammer zur Aufnahme der Bildidentifikation. Er schob das Foto in den Schlitz, drückte auf die Schaltfläche „Suchen" und wartete erneut, sein ganzer Körper war angespannt.

Die Maschine summte lange. Dann fiel eine einzelne Karte in den Schlitz. Eifrig schnappte Jeff es und starrte auf das beigefügte Foto, das fast perfekt mit dem Foto aus seiner Tasche übereinstimmte. Oben auf der Karte befand sich ein kleiner maschinengeschriebener Vermerk: *Conroe, Paul A.* , INFORMATION RESTRICTED. ALLE AKTENVERMERKE SIND IM ZENTRALARCHIV DES HOFFMAN CENTERS ERFASST.

Unterhalb dieser Notation befand sich eine Liste mit Daten. Jeff las sie mit ungläubigem Blick und las sie dann noch einmal. Unglaublich, diese Daten – Daten der Aufnahme ins Hoffman Center und Daten der Entlassung. Es war unmöglich, dass Conroe zu den angegebenen Zeiten hier gewesen sein konnte: vor zehn Jahren, als das Hoffman Center kaum geöffnet war; vor fünf Jahren, genau zu der Zeit, als Jeff ihn aufgespürt hatte. Doch die Daten waren da, schwarz auf weiß, kalt, unpersönlich, unbestreitbar. Und unter den Daten befand sich eine letzte handschriftliche Notiz: CENTRAL ARCHIVES CLASSIFICATION: ESP RESEARCH .

Jeff steckte die Karte schnell in sein Hemd. Mit zitternden Fingern füllte er die anderen Karten neu, sein Herz hämmerte wie eine schreckliche Tätowierung auf seiner Stirn. Unglaublich, und doch wusste er irgendwie, dass es ins Bild passte, dass es ein Schlüssel zum Bild war. Er drehte sich um, ging zur Tür und blieb plötzlich stehen.

„ Schiml !" er atmete.

Die Gestalt lehnte an der Tür, die grüne Mütze schief auf dem Kopf, die Maske baumelte immer noch um seinen Hals. Auf seinem Gesicht lag ein Lächeln, als er sich zurücklehnte und Jeff amüsiert betrachtete. Lässig warf er ein Paar Würfel in die Luft und fing sie auf, immer noch lächelnd. „Lass uns gehen, Jeff", sagte Dr. Schiml . „Wir müssen einige Tests durchführen."

„Du – du meinst, am Morgen", stammelte Jeff und traute seinen Ohren kaum.

Das Lächeln auf den Lippen des Arztes wurde breiter, er warf die Würfel noch einmal und ließ sie in seine Tasche fallen. „Nicht morgen früh, Jeff", sagte er leise. "Jetzt."

KAPITEL SIEBEN

Jeff ließ sich in den Stuhl sinken, auf seiner Stirn lief der Schweiß. Er ballte die Fäuste, als er versuchte, die Kontrolle über seine zitternden Muskeln zurückzugewinnen. *Wie lange stand Schiml schon dort?* Nur ein oder zwei Sekunden? Oder hatte er Jeff zehn Minuten lang beobachtet, wie er die Aktencodes eintippte, wie er die Aktenkarte in sein Hemd stopfte? Aus dem Gesicht des Arztes war nichts zu erkennen, als der Mann auf sein zitterndes Opfer herab lächelte. In den Augen der Wachen, die hinter ihm im Flur standen und die Hände auf ihre schweren Seitenwaffen stützten, war nichts zu erkennen.

Schiml drehte sich zu einem von ihnen um, nickte leicht und sie verschwanden, ihre Stiefel klapperten im stillen Korridor hinter ihnen. Dann richtete er seinen Blick wieder auf Jeff, der Hauch eines wissenden Lächelns flackerte immer noch um seine Augen. „Haben Sie etwas Interessantes gefunden?" fragte er und seine Augen verengten sich leicht.

Jeff fummelte an einer Zigarette herum und hielt das Feuerzeug fest, um es festzuhalten. „Nichts Besonderes", sagte er heiser. „Es ist lange her, seit ich an einer dieser Dateien gearbeitet habe." Sein Blick traf Schimls trotzig, hielt ihn verzweifelt fest. Endlich Schiml blinzelte und schaute weg.

„Auf der Suche nach etwas Besonderem?" fragte er sanft.

"Nichts Besonderes." Jeff blies Rauch in den Raum und seine zitternden Nerven beruhigten sich ein wenig.

„Ich verstehe. Ich nehme an, es ist nur eine Besichtigungstour."

Jeff zuckte mit den Schultern. „Mehr oder weniger. Ich wollte mir den Aufbau ansehen."

Ein trockenes Lächeln huschte über Schimls Gesicht. „Besonders die Anordnung im Aktenraum", sagte er leise. „Ich dachte, ich würde dich hier finden. Blackie sagte, du wärst gerade für einen kurzen Spaziergang rausgekommen, also haben wir nur eine Vermutung angestellt." Der Blick des Arztes verhärtete sich, als er Jeffs Gesicht betrachtete. „Und auch noch ganz wie ein Arzt verkleidet."

Er ging durch den Raum, riss Jeff die Mütze vom Kopf und befestigte mit einer scharfen Handbewegung die Schnur am Kleid. „Das machen wir hier nicht", sagte er mit schneidender Stimme. „Ärzte tragen diese, sonst niemand. Verstehst du das? Wir laufen auch nicht herum, brechen in Aktenräume ein und schauen uns nur die Szene an. Wenn die Wachen dich dabei erwischt hätten, wärst du jetzt nicht mehr am Leben – was ja der Fall gewesen wäre war eine echte Schande, denn wir haben Pläne mit dir. Er deutete mit dem Daumen auf die Tür. „Nach dir, Jeff. Wir haben heute Abend etwas Arbeit zu erledigen."

Jeff ging hinaus in den Flur, stellte sich neben den großen Arzt und machte sich auf den Weg zurück zur Rolltreppe. „Du meintest es sicherlich nicht ernst, mich heute Abend auf die Probe zu stellen."

Dr. Schiml starrte ihn an. "Und warum nicht?"

„Schau, es ist spät. Ich werde morgen früh hier sein."

Der Arzt ging einen langen Moment schweigend weiter. Jeff folgte ihm, seine Gedanken rasten, tausend Fragen schossen ihm in schneller Folge durch den Kopf: Fragen, die er nicht zu stellen wagte, Fragen, die er nicht beantworten konnte. Wie viel wusste Schiml? Und wie viel vermutete er? Ein Schauer lief Jeff über den Rücken. Was hatte er mit den Würfeln gemacht? Hätte Blackie es ihm vielleicht erzählt haben können? Oder könnte er über andere Kanäle von dem seltsamen Vorfall im Spielzimmer erfahren haben? Und was konnte er im Zuge der Tests lernen, was er noch nicht wusste?

Jeff war verwirrt, als er sich dem schnellen Tempo des Arztes anpasste. Sie gingen die Rolltreppe hinauf und den gewundenen Korridor hinunter zu einem Bereich jenseits der Wohnräume, den Jeff noch nie zuvor gesehen hatte. Vor allem muss er die Nerven behalten, seine Zunge und seine Reaktionen streng unter Kontrolle halten und sicherstellen, dass es keine Tricks gibt, ihm Informationen zu entlocken, die er nicht preiszugeben wagt.

Er sah Schiml scharf an, ein Stirnrunzeln im Gesicht. „Ich verstehe immer noch nicht, warum das nicht bis zum Morgen warten kann. Warum die große Eile?"

Schiml blieb stehen und wandte sich verärgert an Jeff. „Du denkst immer noch, wir betreiben hier einen Picknickplatz , nicht wahr?" er schnappte. „Nun, das tun wir nicht. Wir erledigen einen Job, einen Job, der nicht auf den Morgen oder irgendetwas anderes warten kann. Wir arbeiten hier rund um die Uhr. Sie müssen lediglich das Nötigste zum Arbeiten bereitstellen." mit – nichts weiter."

„Aber ich werde müde und nervös sein. Ich weiß nicht, wie ich irgendeine Prüfung bestehen könnte."

Schiml lachte kurz. „Das sind nicht die Art von Prüfungen, die man besteht oder nicht besteht. Tatsächlich gilt: Je müder und nervöser man ist, desto besser werden die Ergebnisse für einen sein. Sie geben Ihnen einen zusätzlichen Sicherheitsvorteil, wenn Sie einem zugewiesen werden." Was die Tests uns sagen, ist das, was wir von Ihnen erwarten können, das Allermindeste. Im Grunde arbeiten wir daran, Ihr Leben für Sie zu retten."

Jeff blinzelte ihn an und folgte ihm durch Schwingtüren in einen langen, hell erleuchteten Korridor mit grünen Wänden und glänzendem Fliesenboden. „Was meinst du damit, mein Leben zu retten? An dem, was ich gehört habe, scheint dir hier genau das Gegenteil zu gefallen."

Der Arzt gab ein ungeduldiges Geräusch von sich. „Sie haben die falschen Informationen erhalten", sagte er wütend. „Das ist das Problem. Ihr Leute besteht darauf, den morbiden Geschichten zuzuhören und sie zu glauben, all die Unannehmlichkeiten, die ihr über die Arbeit hier hört. Und das alles ist entweder völlig falsch oder nur die halbe Wahrheit. Diese Sache mit der Blutrünstigkeit zum Beispiel. Es ist einfach schlicht." nicht wahr.

„Einer der wichtigsten Faktoren unserer Arbeit hier besteht darin, optimale Bedingungen für den Erfolg unserer Experimente zu schaffen. Mit „optimal" meinen wir die besten Bedingungen aus mehreren Gesichtspunkten: vom Standpunkt dessen, was wir lernen wollen – dem Experiment sich selbst – und auch aus der Sicht des Forschers. Vor allem aber arbeiten wir daran, optimale Heilungschancen für die Versuchstiere – in diesem Fall für Sie – zu erzielen."

Jeff schnaubte. „Aber aus Ihrer Sicht sind wir dennoch nur Versuchstiere", sagte er scharf.

„Nicht *nur* Versuchstiere", blaffte Schiml wütend. „Ihr seid *die* Versuchstiere. Die Arbeit mit Menschen ist nicht dasselbe wie die Arbeit mit Katzen, Hunden und Affen – ganz im Gegenteil. Hunde und Katzen sind stärker und robuster, langlebiger als Menschen, weshalb sie eingesetzt werden." für Vorarbeiten mit großem Erfolg. Aber im Grunde sind sie entbehrlich. Wenn etwas schief geht, ist das schade. Aber wir haben etwas gelernt, und der Hund oder die Katze können ohne allzu viele Tränen geopfert werden. Aber wir haben kein Gefühl das Gleiche gilt für Menschen."

„Das freut mich zu hören", sagte Jeff säuerlich. „Dadurch fühle ich mich besser."

„Ich versuche nicht, scherzhaft zu sein. Ich meine es ernst. Wir sind keine Ghule. Wir haben nicht weniger Rücksicht auf Menschenleben als alle anderen, nur weil wir bei unserer Arbeit für den Tod einiger Menschen verantwortlich sind." Zum einen studieren wir jeden Menschen, den wir benutzen, versuchen seine körperlichen und geistigen Stärken und Schwächen herauszufinden. Wir wollen wissen, wie er auf was reagiert, wie schnell er sich erholt, wie viel körperliche Belastung sein Körper aushalten kann Wie weit wird sich seine geistige Belastbarkeit erstrecken? Dann, wenn wir diese Dinge wissen, können wir ihn in das Forschungsprogramm integrieren, das ihm die allerbesten Chancen gibt, unversehrt herauszukommen. Gleichzeitig wird er eine Aufgabe erfüllen Es ist eine

Lücke, die wir füllen müssen. Nein, es macht hier keine Freude, Menschenleben zu nehmen oder die Sicherheit der Menschen zu gefährden."

Sie verließen abrupt den Korridor und betraten ein kleines Büro. Schiml bedeutete Jeff, sich auf einen Stuhl zu setzen, setzte sich hinter einen kleinen Schreibtisch und begann, mehrere Stapel Formulare durchzugehen. Im Raum war es für einen Moment still. Dann drückte der Arzt einen Knopf am Telefonpanel.

Als das Licht ihm eine Antwort gab, sagte er: „Gabe? Er ist hier. Kommen Sie besser rauf."

Dann legte er den Schalter um, lehnte sich zurück, zündete sich eine lange, schlanke Zigarre an und öffnete das grüne Gewand um seinen Hals.

Jeff beobachtete ihn und rätselte immer noch darüber, was er gerade gesagt hatte. Der Arzt wirkte so sachlich. Was er gesagt hatte, ergab einen Sinn, aber irgendwo im Bild schien ein klaffendes Loch zu sein. „Das hört sich an, als wäre es eine großartige Einrichtung – für Sie Ärzte und Forscher", sagte er schließlich. „Aber wozu führt es? Was nützt es? Oh, ich weiß, es erweitert Ihr Wissen über die Psyche von Männern, aber wie hilft es dem Mann auf der Straße? Wie hilft es eigentlich irgendjemandem, auf lange Sicht ? Wie Haben Sie jemals die Regierung dazu gebracht, es zu unterstützen, trotz des finanziellen Schlamassels, mit dem sie in Washington konfrontiert sind?"

Schiml warf den Kopf zurück und lachte laut. „Du hast das Pferd von hinten aufgezäumt", sagte er, als er seine Stimme wieder unter Kontrolle hatte. „Unterstützung? Hören Sie, mein Junge, die Regierung geht bankrott, nur um unsere Forschung am Laufen zu halten. Wussten Sie das? *Sie geht bankrott!* Und warum? Denn wenn sich unsere Arbeit nicht auszahlt – und zwar bald –, wird es keine geben Die Regierung ist gegangen. Das ist der Grund. Weil wir gegen etwas kämpfen, das die Wurzeln unserer Zivilisation zerfrisst, etwas, das schleichend wächst und zerstört."

Er starrte Jeff mit großen Augen an. „Oh, die Regierung weiß, dass die Situation ernst ist. Wir mussten es ihnen beweisen, es ihnen immer wieder zeigen, bis sie es nicht mehr übersehen konnten. Aber sie haben es endlich gesehen. Sie haben gesehen, wie es wuchs." für ein Jahrhundert oder länger, seit dem Ende des Zweiten Krieges. Sie haben die geschäftliche Instabilität, die Bankruns und die Börsenstürze gesehen. Sie haben den geistigen und moralischen Verfall in den Städten gesehen. Sie konnten es sehen, Aber es brauchte Statistiken, um zu beweisen, dass es ein Muster gab, ein Muster aus Verfall, Fäulnis und Verwesung, das die tönernen Füße unserer kolossalen Zivilisation wegbröckelte."

Der Arzt stand auf, ging im Zimmer auf und ab und ließ beim Gehen blauen Rauch aus der Zigarre in die Luft steigen. „Oh, sie unterstützen uns in der

Tat. Wir wissen nicht genau, wogegen wir kämpfen, aber wir wissen, dass die Antwort in der Funktionsweise des Geistes und Gehirns des Menschen liegt. Wir arbeiten gegen eine Krankheit – eine schleichende Krankheit." Krankheit des menschlichen Geistes – und wir sind gezwungen, Männer zu benutzen, um diesen Geist zu erforschen, ihn zu studieren und zu versuchen, das Gift der Krankheit auszumerzen. Und so haben wir die Mercy Men, die uns im Kampf helfen."

Die Lippen des Arztes verzogen sich zu einem bitteren Grinsen, als er sich wieder schwerfällig auf den Stuhl setzte und die Zigarre heftig auf dem Tablett zerkaute. „Menschen der Barmherzigkeit, die in ihrer Seele keine Gnade hegen, die sich weder für das interessieren, was sie tun, noch dafür, was sie bewirken könnten. Sie sind nur an einer Sache interessiert: dem Geldbetrag, für den sie bezahlt werden." Ihr Gehirn war völlig außer Kontrolle geraten.

Die Verachtung lag schwer in Dr. Schimls Augen. „Nun, es ist uns egal, wer wir haben: Süchtige, verurteilte Mörder, Prostituierte, der Müll aus den Dachrinnen. Sie werden alle hierher gezogen, wie Fliegen zu einem Misthaufen. Aber sie sind hier, um Besorgungen zu machen." Barmherzigkeit, ob es ihnen gefällt oder nicht, ob sie es wissen oder nicht. Und wir nehmen sie an, weil sie die einzigen sind, die man kaufen kann, und wir behüten sie, so gut wir können, damit das Ziel erreicht wird. " Er holte tief Luft und starrte Jeff verächtlich an. „Das bist du, von dem ich spreche, weißt du."

Jeffs Hände zitterten, als er seinen Rauch ausdrückte. Er stand auf, als sich die Flurtür öffnete und einen kleinen, dunkelhaarigen Mann mit dicker Brille hereinließ. Er trug die weiße Arztkittel. Jeff rieb sich nervös die Brust und holte tief Luft, während er sich immer noch der steifen Karte in seinem Hemd bewusst war.

„In Ordnung", sagte er heiser, „du sprichst also von mir. Wann fangen wir damit an?"

Die kleine Umkleidekabine war eng; es stank nach Betäubungsmittel. Jeff kam herein, gefolgt von Dr. Schiml und dem anderen Arzt, und begann, seine Schuhe auszuziehen. „Das ist Doktor Gabriel", sagte Schiml und deutete auf seinen kurzsichtigen Kollegen. „Er wird Sie mit einer vollständigen körperlichen Untersuchung beginnen. Dann werden Sie eine neurologische Untersuchung durchführen lassen. Kommen Sie in den nächsten Raum, sobald Sie sich ausgezogen haben." Und damit verschwanden die beiden Ärzte durch Schwingtüren in einen Innenraum.

Jeff zog schnell Hemd und Hose aus, faltete die Karteikarte sorgfältig zusammen und stopfte sie unter die Innensohle seines rechten Schuhs. Es war nicht gerade das perfekte Versteck, wenn jemand nach der Karte suchte. Aber nicht ein einziges Mal während des Gesprächs hatte Schimls Blick neugierig auf Jeffs Hemdbrust gelenkt. Entweder hatte Schiml nicht gesehen, wie er die Karte nahm, oder die Selbstbeherrschung des Arztes war übermenschlich. Und auch die Würfel wurden nicht erwähnt. Jeff klopfte ein letztes Mal auf seine Schuhe, warf seine Kleidung auf eine der Bahren an den Wänden und stürmte durch die Türen in den Nebenraum.

Es war riesig, hatte eine Kuppeldecke und ein Dutzend Trennwände, die verschiedene Abschnitte voneinander trennten. Ein Ende sah aus wie ein Klassenzimmer, mit Tafeln, die eine ganze Wand einnahmen. In einem anderen Abschnitt befanden sich die Utensilien einer kompletten Turnhalle. Die Ärzte saßen in einer Ecke, die offensichtlich als Untersuchungsraum eingerichtet war: Die Tische waren mit frischen grünen Laken bedeckt, und an den Wänden standen glänzende Schränke voller grün verpackter Bündel und Instrumente.

Schiml saß auf der Schreibtischkante. Seine Augen beobachteten Jeff genau, während er sich eine Zigarette anzündete, sich zurücklehnte und Ringe in die Luft blies. Dr. Gabriel winkte Jeff zum Tisch und begann ohne weitere Verzögerung mit der Untersuchung.

Es war die strengste und sorgfältigste körperliche Untersuchung, die Jeff jemals hatte. Der kleine, schielende Arzt stocherte und untersuchte ihn von Kopf bis Fuß. Er machte Fotos von Netzhautmustern, untersuchte Porenmuster, lauschte, tastete, klopfte, auskultierte. Er bedeutete Jeff, sich wieder auf den Stuhl zu setzen, und begann, mit einem Gummihammer über ihn zu klopfen, wobei er in Dutzenden von Bereichen kräftig auf ihn klopfte, was eine äußerst beunruhigende Vielfalt an Muskelzuckungen und -zuckungen hervorrief. Dann wurde der Hammer durch eine kleine Elektrode ersetzt, mit der der Arzt sondierte und testete und dabei krampfartige Zuckungen auf die Muskeln von Jeffs Rücken, Armen und Oberschenkeln ausübte. Schließlich entspannte sich Dr. Gabriel, setzte Jeff auf einen weichen Stuhl und zog sich in einen kleinen tragbaren Instrumentenschrank in der Nähe zurück.

Dr. Schiml machte seine Zigarette aus und stand auf. „Haben Sie noch Fragen, bevor wir beginnen?"

Jeff seufzte fast laut. Irgendwelche Fragen? Seine Nerven kribbelten am ganzen Körper und sein Kopf war voller Vermutungen – wilde, lächerliche Vermutungen darüber, was sie bei den Tests entdecken würden, was die Ergebnisse bringen würden. Angenommen, sie hätten etwas über die Würfel erfahren? Angenommen, sie fanden heraus, dass er ein Betrüger war, dass er im Zentrum auf einer privaten Mission war, einer ganz eigenen Todesmission, und dass er nicht an ihren eigenen Todesmissionen beteiligt war? Und doch würde die Art der Arbeit, die ihm zugeteilt werden würde, wenn er durchhalten müsste, von den Ergebnissen der Tests abhängen – das schien sicher. Was aber, wenn sie ihn bewusstlos machten, ihn bewusstlos machten oder Drogen nahmen?

Seine Gedanken rasten hektisch, auf der Suche nach einer Möglichkeit, die Dinge aufzuhalten, nach einer Möglichkeit, die Bürokratie der Tests und Aufgaben zu verlangsamen, um ihm Zeit zu geben, seine eigene Mission zu erfüllen und auszusteigen. Aber er wusste, dass er bereits Verdacht geweckt haben musste. Schiml musste vermutet haben, dass nicht alle Karten auf dem Tisch lagen, doch Schiml schien bereit zu sein, seinen Verdacht zu ignorieren. Und die Räder begannen sich immer schneller zu bewegen und brachten ihn an den kritischen Punkt, an dem er eine Freigabe unterzeichnen und einen Auftrag annehmen oder seinen wahren Zweck für seinen Aufenthalt im Zentrum preisgeben musste. Wenn er Conroe finden wollte, musste er ihn finden, bevor es hart auf hart kam.

Schiml an , sein Geist suchte immer noch nach etwas, woran er sich festhalten konnte. Er hat nichts gefunden. „Nein. Keine Fragen, schätze ich", sagte er.

Der Arzt sah ihn genau an und zuckte dann resigniert mit den Schultern. „In Ordnung", sagte er müde. „Sie werden eine ganze Reihe von Tests aller Art haben: körperliche Ausdauer, geistige Wachsamkeit, Reaktionszeit, Intelligenz, geistiger Verstand – alles, was wir möglicherweise wissen müssen. Aber ich sollte Sie vor einer Sache warnen." Er sah Jeff an, sein Blick war todernst. „Alle diese zukünftigen Tests sind subjektiv. Sie alle werden uns etwas über Sie als Person verraten: wie Sie denken, wie Sie sich verhalten. Unverzichtbar wichtige Dinge, wenn Sie die Art von Arbeit, die wir hier leisten, überleben wollen. Was wir finden." ist die gesamte Grundlage unserer Aufgaben."

Er hielt einen langen Moment inne. „Es wäre klug, bei der Wahrheit zu bleiben. Keine Ausschmückungen, keine ausgefallenen Dinge. Wir können nichts dagegen tun, wenn Sie sich nicht dafür entscheiden, den Rat zu befolgen. Aber wenn Sie fälschen, manipulieren Sie Ihren eigenen." Lebenserwartung hier.

Jeff blinzelte und rutschte unruhig auf seinem Sitz hin und her. *Mach dir darüber keine Sorgen, Jack* , dachte er. *Ich werde nicht lange genug da sein, um einen Unterschied zu machen.* Dennoch waren die Worte des Arztes alles andere als beruhigend. Wenn Jeff nur den Betrug während des gesamten Tests aufrechterhalten könnte, würde er im Verlauf der Tests den Überblick über ihn behalten. Dann konnte er mit der Jagd fortfahren, sobald sie fertig waren.

Er sah zu, wie der Arzt eine lange Arbeit auf dem Schreibtisch vorbereitete. Dann begann die schnelle Reihe von Fragen: Familiengeschichte, persönliche Geschichte, familiäre Krankheitsgeschichte und persönliche Krankheit. Die Fragen waren schnell und sachlich, und Jeff spürte, wie sich seine Muskeln entspannten, als er sich zurücklehnte. Er antwortete fast automatisch. Dann: „Waren Sie schon einmal hypnotisiert?"

Etwas in Jeffs Kopf erstarrte und schrie eine Warnung. „Nein", schnappte er.

Schimls Augen weiteten sich unmerklich. „Ein Teil der Tests sollte in Ihrem Interesse und aus Gründen der Geschwindigkeit unter Hypnose durchgeführt werden." Sein Blick traf Jeffs harten Blick. „Es sei denn, Sie haben einen Grund, Einwände zu erheben –"

„Es wird nicht funktionieren", log Jeff schnell und seine Gedanken rasten. „Irgendeine psychische Blockade – wahrscheinlich in der Kindheit hervorgerufen. Mein Vater hatte auch eine Blockade dagegen." Jeder Muskel seines Körpers war angespannt und er saß mit großen Augen nach vorne auf seinem Sitz.

Schiml zuckte mit den Schultern. „Es würde Ihnen den Test hundertprozentig erleichtern, wenn Sie es zulassen würden. Einige dieser Tests sind ziemlich anstrengend und andere dauern ohne hypnotische Genesungshilfe sehr lange. Und natürlich behandeln wir alle Informationen streng vertraulich – " "

„Keine Würfel", sagte Jeff heiser.

Der Arzt zuckte erneut mit den Schultern und blickte zu Dr. Gabriel hinüber. „Hörst du das, Gabe?"

Der kleine Arzt zuckte mit den Schultern. „Seine Beerdigung", knurrte er. Er rollte ein kleines, glänzend getäfeltes Instrument mit Kopfhörern an Jeffs Seite. „Dann fangen wir mit den weniger anstrengenden an. Das ist ein Hörtest. Ganz einfach. Man hört einfach zu, notiert die Signale, die man hört. Behalten Sie das Okular im Auge; es zeichnet Visio-Audio-Korrelationszeiten auf, sagt uns Wie schnell, nachdem man ein Wort gehört hat, macht man sich ein visuelles Bild davon." Er stülpte die Kopfhörer über Jeffs Kopf und legte einen ausgedruckten Antwortbogen vor sich auf den Schreibtisch. Und dann fingen die Kopfhörer an zu reden.

Es gab eine lange Reihe von Wörtern, die nach und nach immer leiser wurden. Jeff notierte sie schnell, vergaß nach und nach seine Umgebung und richtete seine Aufmerksamkeit auf den Test. Die Ärzte zogen sich auf die andere Seite des Raumes zurück. Sie redeten leise miteinander, bis er sie nicht mehr hörte. Es gab nur das leise, eindringliche Flüstern in den Kopfhörern.

Und dann schienen die Worte wieder lauter zu werden, aber irgendwie hatte er den Überblick verloren, was sie bedeuteten. Er lauschte und beobachtete mit seinen Augen den kühlen grauen Perlmuttschirm in den Okularen. Seine Finger waren bereit, die Worte aufzuschreiben, aber er konnte die Silben nicht ganz verstehen.

Es waren *unsinnige Silben*, Silben ohne Bedeutung. Seine Augen weiteten sich, ein Anflug von Misstrauen durchzuckte ihn, und seine Hände umklammerten die Armlehnen des Stuhls, als er sich aufzurichten begann.

Und dann explodierte das Licht in seinen Augen mit solch quälendem Glanz, dass es einen stechenden Schmerz durch sein Gehirn jagte. Er stieß einen unterdrückten Schrei aus. Er wehrte sich und versuchte, vom Stuhl aufzustehen. Aber er wurde von dem durchdringenden Strahl geblendet. Und dann spürte er, wie die Nadel in seinen Arm stach und die unsinnigen Worte in seinen Ohren zu bedeutungsvollen Sätzen wurden. Eine sanfte, beruhigende Stimme sagte: „Entspannen Sie sich ... entspannen Sie sich ... lehnen Sie sich zurück und entspannen Sie sich ... entspannen Sie sich und ruhen Sie sich aus ..."

Langsam kroch die Wärme über seinen Körper und er spürte, wie sich seine Muskeln entspannten, genau wie die Stimme es befahl. Er lehnte sich sanft in den Stuhl zurück und bald war sein Geist frei von Angst, Sorge und Misstrauen. Er lag still und schlief mit der friedlichen Leichtigkeit eines neugeborenen Kindes.

KAPITEL ACHT

Ohne Hypnose wäre das nie möglich gewesen. Der menschliche Körper ist in weiten Grenzen in der Lage, genau das zu tun, wozu er seiner *Meinung nach* fähig ist. Aber dem menschlichen Körper kann man kaum einen Vorwurf machen, wenn die Konvention längst entschieden hat, dass Anstrengung schlecht ist, dass Anstrengung bis zur Grenze der Belastbarkeit ungesund ist und dass die Annäherung an die Sicherheitsspanne menschlicher Belastbarkeit – auch nur schräg – gleichbedeutend ist mit der Annäherung an den Tod mit ausgestreckten Armen . Die so erklärte Konvention war den Forschern am Hoffman Center wohlbekannt.

Es war aber auch bekannt, dass der menschliche Körper unter der beruhigenden Suggestion der Hypnose bis zu dieser Sicherheitsgrenze und darüber hinaus getragen werden konnte. Tatsächlich konnte es ohne Aufregung, ohne einen Anflug von Protest, ohne ein Zeichen von Angst fast bis zum eigentlichen Bruchpunkt geführt werden.

Und das waren die Bedingungen, die bei den Tests für die Mercy Men von entscheidender Bedeutung waren. Doch obwohl Hypnose notwendig war, lehnten die Männer, die zu den Mercy Men kamen, die Hypnose ausnahmslos ab. Sie hatten immer Angst davor, ein Geheimnis ihrer Vergangenheit preiszugeben. Ob aus Misstrauen gegenüber den Ärzten und den Tests im Zentrum oder aus schlichter, gewöhnlicher Bösartigkeit – niemand kannte alle Beweggründe. Aber diejenigen, die Hypnose am meisten brauchten, lehnten sie am vehementesten ab. Dies erzwang die Entwicklung von Techniken der Zwangshypnose.

Es hätte Jeff geärgert, wenn er es gewusst hätte. Tatsächlich hätte es ihn bis zum Äußersten der Wut getrieben, denn Jeff hatte unter anderem Angst. Aber er hätte es nicht sein müssen, und es machte kaum einen Unterschied, dass er es war. Jetzt litt Jeff nicht mehr unter seiner Angst. Sein Geist war in einem ruhigen, glücklichen Dunst und er fühlte, wie sein Körper halb angehoben, halb durch den Raum zum ersten Abschnitt des Testraums geführt wurde.

Sogar jetzt versteckte sich ein winziger Wächter mit scharfer Stimme in einem Winkel seines Geistes und schrie Jeff seine Botschaft der Wachsamkeit und Angst zu. Aber er lachte vor sich hin und versank noch tiefer in den friedlichen Schlaf. Dr. Gabriels Stimme war in seinem Ohr, seine Stimme war sanft und beruhigend, er sprach leise mit ihm und gab einfache Anweisungen. Er führte ihn schnell durch eine Testreihe, deren Abschluss lange, harte Tage gedauert hätte. Am Ende wäre er in einen psychotischen

Zusammenbruch geraten, wenn ihm nicht der Erholungspuffer der Hypnose geholfen hätte.

Zunächst wurde er in weiche Flanellkleidung gekleidet und in die Turnhalle verlegt. An seinen Beinen, Armen und Hals waren Rekorder befestigt. Dann wurde er förmlich mit dem Laufband vertraut gemacht und leise aufgefordert, es laufen zu lassen, bis er zusammenbrach. Er lächelte und gehorchte und rannte, als ob die Furien ihm auf den Fersen wären. Er rannte, bis sein Gesicht lila wurde und seine Muskeln sich verkrampften. Schließlich fiel er hin und konnte nicht weitermachen.

Dies geschah nach zehn Minuten Höchstgeschwindigkeit. Dann folgten fünf Minuten Erholung unter der Suggestion: „Dein Herz schlägt langsamer. Du atmest langsam und tief ... entspannst ... entspannst." Jemand nahm seinen Arm und er machte sich wieder auf den Weg, diesmal mit dem alten, zuverlässigen Harvard Step-Test, indem er auf den Stuhl sprang und wieder herunter. Er tat dies, bis er erneut keuchend auf dem Boden lag und sich kaum bewegen konnte, während seine Puls- und Atemveränderungen sorgfältig aufgezeichnet wurden.

Anschließend folgte ein lebhaftes Handballspiel. Man reichte ihm einen kleinen Hartgummiball und bat ihn, mit einem Automaten, der am Ende eines Abteils stand, ein Fangspiel zu spielen. Die Maschine spielte hart, drehte den Ball herum und schleuderte ihn mit so unglaublicher Geschwindigkeit auf Jeff, dass er gezwungen war, alle Überlegungen aufzugeben. Instinktiv streckte er die Hand aus, um den Ball zu fangen. Seine Finger brannten vor Schmerz, als er es auffing und hineinreichte, nur um es doppelt so schnell wieder herausschleudern zu lassen. Bald bewegte er sich so automatisch wie eine Maschine, fing, schleuderte, sein Verstand weigerte sich, den Schmerz und die Schwellung in seinen Fingern zu akzeptieren, als der Ball schlug und schlug und schlug ...

Dann wurde eine kleine Leiter hineingerollt. Er hörte aufmerksam den Anweisungen zu und rannte dann die Leiter auf und ab, bis er oben zusammenbrach. Er lag sanft auf dem Boden, während ihm Blutproben aus dem Arm entnommen wurden. Dann setzte er sich und starrte stumpf auf den Boden. Eine Stimme sagte: „Entspann dich, Jeff, ruh dich aus. Schlaf ruhig, Jeff. Du wirst in einer Minute bereit sein, dich einzumischen und zu kämpfen. Jetzt entspann dich einfach."

Mehrere Leute waren da; einer brachte ihm ein schweres, zuckerhaltiges Getränk, lauwarm und abstoßend. Er trank es, würgte und schüttete es über sein Hemd. Dann grinste er und leckte sich die Lippen, während weitere Blutproben entnommen wurden. Und dann durfte er etwas kühles Wasser trinken. Er starrte fünf Minuten lang auf seine Füße, um sich zu erholen, bevor die nächste Testphase begann.

Die Lichter befanden sich in drei langen Säulen. Sie reichten bis zum Horizont, soweit Jeff sehen konnte. Einige blinzelten; einige leuchteten mit gleichmäßiger Intensität, während andere dunkel waren.

„Nennen Sie die Spalten eins, zwei und drei", sagte Dr. Gabriel in der Nähe, seine Stimme war sanft vor Geduld. „Notieren Sie die Position der Lichter, wie Sie sie jetzt sehen. Wenn dann das Signal ertönt, beginnen Sie mit der Aufzeichnung aller Lichtveränderungen, die Sie in allen drei Spalten sehen. Machen Sie es schnell, Jeff, so schnell Sie können."

Das Auge ist ein wunderbares Präzisionsinstrument, das in der Lage ist, eine Unendlichkeit an Bewegung und Veränderung zu erkennen. Es ist empfindlich genug, um bei Bedarf jedes einzelne Standbild zu erkennen, aus dem sich der Film zusammensetzt, der so schnell auf dem weißen Bildschirm vor ihm flimmert. Jeffs Finger bewegten sich, sein Bleistift zeichnete auf, er bewegte sich schnell von Spalte eins zu Spalte zwei und weiter zu Spalte drei. Der Bleistift bewegte sich schnell, bis der Test beendet war.

Dann weiter zum nächsten Test....

An jedem seiner zehn Zehen und jedem seiner zehn Finger waren Elektrodenleitungen befestigt.

„Hör einmal zu, Jeff. Der rechte erste Zeh entspricht dem linken Daumen, der rechte zweite Zeh dem rechten Zeigefinger. (Wunderbares Zeug, Hypnopalamin , nur eine Wiederholung zum Lernen) Wenn Sie einen Stoß in einem Zeh spüren, drücken Sie den Knopf für entsprechenden Finger. Bereit jetzt, Jeff, so schnell du kannst.

Schock, Druck, Schock, Druck. Jeffs Geist war still, still, leer, ein offener Kreislauf für Reaktionen, die ungehindert und ohne Modulation voranschreiten konnten. Noch eine Runde geschafft und weiter zur nächsten....

Von irgendwoher tauchte das blasse Gesicht des Doktor Schiml auf. "Alles gut?"

„Geht gut, gut. So reibungslos wie nur möglich."

„Keine Haken irgendwo?"

„Nein, keine Mängel. Keine, die ich sehen kann – noch nicht."

„Ich möchte eine rauchen."

Dr. Gabriel entspannte sich, bot Jeff eine Zigarette aus einer zerknitterten Packung an, streckte sein Feuerzeug hervor und lächelte. Er bemerkte, dass Jeffs große Augen ihren Fokus verfehlten und die ausgedehnte Flamme nicht sehen konnten. „Wie fühlst du dich, Jeff?"

"Gut gut-"

„Es gibt noch viel zu tun."

Ein Anflug von Angst huschte über seine trüben Augen. „Gut. Ich hoffe nur…"

"Ja?"

„… hoffe, wir sind fertig. Ich bin müde."

"Schläfrig?"

„Ja, schläfrig."

„Nun, in ein paar Stunden oder so werden wir alles auf den Lochkarten für Tilly haben. Alle Faktoren über Sie, die dieser Test ans Licht bringen wird, würde ein Forscherteam fünfhundert Jahre brauchen, um sie so weit zu integrieren, dass sie irgendeine Bedeutung hätten . Bei Tilly dauert es fünf Minuten. Sie macht auch keine Fehler.

„Nette Tilly."

„Und nachdem die Ergebnisse vorliegen, werden Sie zugewiesen, unterschreiben Ihre Freigabe und sind auf dem Weg zu Geld."

Wieder flackerte die Angst auf, diesmal tiefer. "Geld...."

Mehr Tests, mehr Tests. Hören Sie ein Geräusch, drücken Sie einen Knopf. Sehen Sie sich ein Bild an, nehmen Sie es auf. Test um endlosen Test, Dutzende von Aufzeichnungen, sein Gehirn wird immer müder. Dann in den hellen, schimmernden Raum, hinauf auf den grün drapierten Tisch.

„Keine Schmerzen, Jeff, kein Grund zur Sorge. Wir sind in einer Minute vorbei."

Sein Blick fiel auf die schlanke, böse aussehende Trefine ; Er hörte das Summen des Motors und spürte den knirschenden Stoß. Aber es gab keine Reaktion, keinen Schmerz. Und dann spürte er ein merkwürdiges Kribbeln in seinen Armen und Beinen, als die kleinen Endplatten des Elektroenzephalographen durch die winzigen Bohrlöcher in seinen Schädel eindrangen.

Mit trüben Augen sah er zu, wie die kleinen Lichter auf der Kontrolltafel in der Nähe anfingen, immer wieder zu blinken. Die Blitze folgten einem hektischen, nervösen Muster und registrierten die Aktivität einzelner Gehirnzellen auf einem überempfindlichen Stroboskopfilm. Dies wiederum wurde automatisch zur Analyse an Tilly weitergeleitet. Und dann wurden die Trefine-Löcher wieder verschlossen und sein Kopf fest mit Klebeband versehen, und er wurde für eine weitere fünfmütige Erholung in einen anderen Raum zurückgebracht.

„Schon die Tintenkleckse getroffen?"

„Noch nicht, Rog. Bleib ruhig, wir kommen voran. Als nächstes folgen Tintenkleckse und Geheimdienstinformationen und so weiter."

Etwas bewegte sich tief in Jeffs Geist, trotz der beruhigenden Wahnvorstellungen der Hypnose. Beim ersten Anzeichen der seltsamen farbigen Formen auf den Karten regte es sich und schrie auf. Etwas tief in Jeffs Gedanken drängte sich zu seinen Lippen, als Dr. Gabriel leise sagte: „Schau sie dir einfach an, Jeff, und sag mir, was du siehst."

„Nein! Nimm sie weg."

„Was ist das? Sanft, Jeff. Entspann dich und schau es dir an."

Jeff war auf den Beinen und wich zurück, ein wildes, hilfloses, in die Enge getriebenes Feuer in seinen Augen. „Nimm sie weg. Hol mich hier raus. Geh weg –"

„Jeff!" Die Stimme war scharf und befehlend. „Setz dich, Jeff."

Jeff ließ sich vorsichtig und mit wachsamen Augen auf den Sitz sinken. Der Arzt bewegte seine Hand und Jeff sprang einen Fuß hoch, seine Zähne klapperten.

„Was ist los, Jeff?"

„Ich – ich mag ... diese ... Karten nicht."

„Aber es sind nur Tintenkleckse, Jeff."

Jeff runzelte die Stirn und blinzelte auf die Karten. Er kratzte sich ratlos am Kopf. Langsam sank er wieder in den Stuhl zurück und bemerkte nicht einmal, wie sich die Gurte um seine Arme und Beine schlossen und fester wurden.

„Schau dir jetzt die Bilder an, Jeff. Sag mir, was du siehst."

Die Verwirrung wuchs in seinem schweren Gesicht, aber er blickte und redete langsam und heiser. Ein Hundekopf, ein kleiner Gnom, eine große rote Fledermaus .

„Sanft, Jeff. Kein Grund zur Angst. Entspann dich, Mann, entspann dich ...“

Dann kamen die Wortassoziationstests: eine halbe Stunde voller Wörter und Antworten, während sich die Angst in Jeffs Gehirn zusammenkräuselte, sich sammelte, sich zusammenkauerte, bereit zum Sprung, in schrecklicher Erwartung auf etwas wartete, etwas, das so sicher kommen würde, wie Stunde auf Stunde folgte. Während Jeff die Worte las, spürte er, wie ihm die Netzfesseln in die Handgelenke schnitten. Er zitterte vor zunehmender Vorahnung.

Dr. Schimls Gesicht war zurück, immer noch besorgt, seine Augen leuchteten. „Geht es dir gut, Gabe?“

„Keine Ahnung, Rog. Irgendetwas Komisches mit den Tintenklecksen. Du kannst einen Blick auf den Bericht werfen. Auch die Wortassoziation ist völlig durcheinander. Ich kann es nicht erkennen, aber da ist etwas Komisches.“

„Gib ihm eine Minute Ruhe und stärke den Palamin. Vermutlich hat er eine starke Vitalität, die ihm entgegenwirkt.“

Gleich darauf war Dr. Gabriel zurück und eine weitere Nadel biss Jeff kurz in den Arm. Dann ging der Arzt zum Schreibtisch und holte die kleine, quadratische Plastikbox heraus. Er ließ die Karten in seine Hand fallen. Es handelte sich um kleine Karten mit einfacher Rückseite und leuchtend roten Symbolen auf der Vorderseite.

Dr. Gabriel hielt sie Jeff unter die Nase. „Rheinkarten“, sagte er leise. „Vier verschiedene Symbole, Jeff. Schauen Sie genau hin. Ein Quadrat, ein Kreis ...“

Es war wie ein Schlag, der sich in Jeffs Gehirn eingenistet hatte und ihn gnadenlos zerriss. Ein rotglühender, dampfender Schürhaken wurde in das weiche, wachsartige Gewebe seines Gehirns gerammt.

„Mein Gott, halte ihn fest!“

Jeff schrie, hellwach, seine Augen traten vor Angst hervor. Mit einem tierischen Brüllen riss er an seinen Fesseln, riss sie aus dem rohen Holz und stürzte in blinder, verängstigter Flucht durch den Raum. Er rannte durch den Raum und prallte mit vollem Gesicht gegen die massive Ziegelwand. Er schlug mit einem ekelerregenden Knall zu, schlug mit den Fäusten gegen die Wand und schrie immer wieder auf. Und dann brach er zu Boden, seine Nase war gebrochen, sein Gesicht blutete, seine Finger waren wund und die Nägel waren abgebrochen.

Und als er in barmherziger Bewusstlosigkeit versank, hörten sie ihn heulen: „Er hat meinen Vater getötet ... hat ihn getötet ... hat ihn getötet ... hat ihn getötet ... hat ihn getötet ..."

Stunden später rührte er sich. Er schrie fast vor Schmerz auf, als er versuchte, seinen Arm zu bewegen. Seine Brust brannte beim Atmen. Als er die Augen öffnete, fuhr ihm ein fast unerträglicher, pochender Schmerz durch den Schädel. Er erkannte sein Zimmer und sah das leere Bett ihm gegenüber. Dann hob er einen Arm, fühlte den Verband um sein Gesicht, seinen Hals.

Er lauschte ängstlich und seine Ohren hörten nur das raue, gurgelnde Atmen des Mannes im Nebenzimmer: des Mannes namens Tinker, dessen Untergang als Mercy Man noch nicht ganz besiegelt war, der flach weiter atmete und die tödliche Stille brach.

Was passiert ist?

Jeff saß kerzengerade in der Dunkelheit und ignorierte den stechenden Schmerz, der durch seine Brust und seinen Nacken schoss. Was passiert ist? Warum wurde er verbunden? Was bedeutete die pure, nackte, lähmende Angst, die ihn wie ein Schraubstock umklammerte? Er starrte durch die Dunkelheit auf das gegenüberliegende Bett und blinzelte. Was war passiert ... was ... was?

Natürlich. Er war im Aktenraum gewesen. Er war erwischt worden. Schiml hatte ihn erwischt und zur Untersuchung mitgenommen. Und dann: *ein helles Licht, unsinnige Worte im Ohr, eine Nadel ...*

Vor Schmerz keuchend rollte Jeff aus dem Bett und suchte darunter nach seinen Schuhen. Mit einem hörbaren Schluchzen holte er die zerknitterte Karte unter der Innensohle hervor. Dann hatten sie die Karte nicht bekommen. Sie wussten es nicht. Aber was hätte passieren können? Langsam kamen andere Dinge zurück: Es hatte einen Schrei gegeben; Er hatte einen Schock verspürt, als ob geschmolzenes Blei durch seine Adern strömte, und dann war er wie ein Zehn-Tonnen-Lastwagen gegen die Wand gefahren.

Er griff nach seiner Uhr, starrte darauf und traute seinen Augen kaum. Es war sieben Uhr nachmittags. Es war fast ein Uhr morgens, als sie ihn zu Dr. Gabriel gebracht hatten. Es konnte nicht schon wieder sieben Uhr abends sein. Es sei denn, er hätte rund um die Uhr geschlafen. Er hörte auf die Uhr; es lief noch. Was auch immer passiert war, hatte ihn aus der Fassung gebracht, so sehr, dass er fast vierundzwanzig Stunden geschlafen hatte. Und im Laufe dieser Zeit....

Der schreckliche Verlust traf ihn plötzlich und bahnte sich seinen Weg zu offener Erkenntnis. Vierundzwanzig Stunden später – ein Tag vergangen, ein ganzer Tag, den Conroe nutzen konnte, um tiefer unterzutauchen. Er sank auf das Bett zurück und stöhnte, die Verzweiflung lastete schwer in seinem Kopf. Ein Tag vergangen, ein kostbarer Tag. Irgendwo war der Mann in der Mitte. Aber ihn jetzt, nachdem er so viel Zeit gehabt hatte, ausfindig zu machen – wie konnte Jeff das tun?

Er verspürte jetzt eine größere Dringlichkeit. Egal, was sie bei den Tests herausgefunden hatten, er hatte keine Zeit mehr zum Jagen. Der nächste Schritt auf dieser Einbahnstraße war die Zuteilung und die Unterzeichnung einer Freigabe – der Punkt, an dem es kein Zurück mehr gab.

Und bei all dem nagte etwas an seinem Geist: eine seltsame Frage, ein Phantom, das er nicht einordnen konnte, eine Schattenfigur, die immer wieder in seinem Kopf auftauchte und ihn verfolgte – der Schatten furchtbaren Zweifels. Warum der Schock? Warum war er ausgebrochen? Was hatte ihn dazu getrieben, seine Arme und Beine so gnadenlos an den Fesseln zu bestrafen? Welcher monströse Dämon hatte sich in seinem Kopf losgemacht? Welche klaffende Wunde hatten die Ärzte behandelt, die ihn in solch extreme Angst und Schrecken trieben? *Und warum hatte er jedes Mal das gleiche Gefühl, wenn er an Paul Conroe dachte?*

Er seufzte. Er brauchte Hilfe und er wusste es. Er brauchte dringend Hilfe. Hier, in einem Strudel aus Hass und Selbstsucht, brauchte er Hilfe mehr als je zuvor, Hilfe, diesen Phantomschatten aufzuspüren, Hilfe, ihn in die Enge zu treiben, ihn zu töten. Und die einzigen, die er um Hilfe bitten konnte, waren die Menschen um ihn herum, die Mercy Men selbst. Er brauchte ihre Hilfe, und sei es nur, um nicht einer von ihnen zu werden.

Er döste, wachte dann etwas später auf und lauschte. Im Raum herrschte eine Atmosphäre der Anspannung, ein Flüstern, dass etwas völlig schief gelaufen sei. Jeff stützte sich auf seinen Ellbogen und versuchte, durch die Dunkelheit zu spähen. Kurz bevor er aufwachte, war etwas passiert. Er lauschte der tödlichen Stille im Raum.

Und dann wusste er, was es war. Das Atmen im Nebenzimmer hatte aufgehört.

Er lehnte sich mit klopfendem Herzen zurück und lauschte dem Rascheln seines eigenen Atems, während Angst und Verzweiflung in seinem Kopf zu neuen Höhen aufstiegen. Dann war der Tod gekommen. Ein Mann, der nie die Belohnung sehen würde, auf die er so sehnsüchtig wartete. Jeff hatte gespürt, wie der Tod durch den Raum ging, und er wusste instinktiv, dass die gesamte Einheit es auch bemerken würde, ohne dass ein einziges Wort aus einem einzigen Mund kam. Denn das Gefühl des Todes war hier greifbar und bewegte sich mit stillen, unwägbaren Schritten von Raum zu Raum.

Zum ersten Mal verspürte Jeff eine Verbundenheit, ein tiefes Verständnis, das er mit den Mercy Men teilen konnte. Und tief in seinem Inneren herrschte eine tiefe Angst, von der er jetzt wusste, dass er sie auch mit ihnen teilen musste. Unter Schmerzen rollte er sich auf die Seite und starrte lange Minuten in die Dunkelheit, bevor er in unruhigen Schlaf fiel.

KAPITEL NEUN

Eine Stimme sprach durch den Raum, ein gedämpftes, geheimnisvolles Grollen auf und ab. Langsam zog Jeff seine Gedanken aus den Tiefen des Albtraums zurück in den stickigen, schwach beleuchteten Raum. Wie lange hatte er geschlafen? Und wie spät war es jetzt? Die sanften Stimmen im Raum gaben keinen Hinweis, und sein schmerzender Geist war zu müde, um sich noch mehr darum zu kümmern. Er lag einfach im trüben Licht, jeder Muskel schmerzte, und seine Gedanken kehrten immer wieder zu dem Albtraum zurück, den er zum tausendsten Mal erneut erlebt hatte.

Diesmal war es schrecklich scharf gewesen, klar wie ein Mittag: das gleiche Thema wie immer, das gleiche Gesicht, das gleiche schreckliche Wissen und derselbe seelenzerreißende Hass, der in seinem Kopf aufstieg und brodelte. Es war immer Hass ohne Plan und Form, reine, desorganisierte Tierwut. Aber dieses Mal war der Traum kohärenter, klarer, unverkennbarer und bösartiger gewesen.

Er war die Straße im Herzen der Stadt entlanggegangen. Ja, es war Vormittag. Die Hitze der Sonne war bereits unerträglich und seine Jacke und sein Hemd waren feucht. Was machte er an diesem Morgen? War er mit Informationen über den nächsten Marsflug auf dem Weg zum Vermessungsdepot? Es spielte keine Rolle. Aber er bog in das Gebäude ein und dann traf es ihn.

Es war wie der Schock, der ihn im Untersuchungsraum getroffen hatte, dachte er. Er war dem Mann körperlich begegnet. Als er einen Schritt zurücktrat, um ihn um Verzeihung zu bitten, sah er das Gesicht des Mannes. Dort geriet der Traum außer Kontrolle, genau wie seine Gedanken an jenem sonnigen Morgen vor so langer Zeit außer Kontrolle geraten waren. Er sah, wie der Mann sich umdrehte und wie der Wind rannte und sich in den fließenden Menschenstrom auf der Straße schlängelte. Jeff folgte ihm schreiend, seine Fäuste und Beine wirbelten durch die Menschenmassen. Er schrie in heiserer, wahnsinniger Verzweiflung, als er sah, wie die Gestalt vor seinen Augen verschwand.

Und dann lehnte er keuchend an der Wand und Tränen liefen über sein Gesicht. Er konnte es nicht verstehen, da er nur wusste, dass dies der Mann war, dessen Gesicht ihn sein ganzes Leben lang in seinen Träumen verfolgt hatte, und erkannte, dass dies der Mann war, den er töten musste.

Seine Augen öffneten sich. Die Stimmen im ganzen Raum wurden lauter. Jeff hörte zu. Eine Stimme war die einer Frau – natürlich die von Blackie. Das nasale Geräusch des fiesen Franzosen war unverkennbar. Aber die dritte Stimme – Jeff blinzelte. Er bewegte seinen Kopf, um die kleine Gruppe auf der anderen Seite des Raumes zu sehen.

Sie drängten sich um eine kleine Infrarot-Kaffeemaschine: Blackie, der böse Franzose und der riesige, kahlköpfige Mann namens Harpo. Blackies Stimme war scharf und flehend, als sie den wütenden Protest des bösen Franzosen wiederholte. Harpos schwerer Bass untermalte die geflüsterte Diskussion. Unter Schmerzen richtete sich Jeff auf einem Ellbogen auf und drehte sein Ohr in Richtung der Menschenmenge, als die Worte zu ihm drangen, undeutlich:

„Ich sage: Finden Sie heraus, wer und unternehmen Sie etwas dagegen", beharrte der böse Franzose wütend. Sein Gesicht war rot und boshaft und seine Augen blitzten, als er zu Harpo aufblickte. „Wir sind komplett raus. Verstehen Sie das nicht? Aufgrund dieses Wechsels sind wir von der Gehaltsliste gestrichen – abgewiesen wie gewöhnlicher Abschaum! Nun, der Job, den ich hatte, bestand darin, zweihunderttausend Dollar zu zahlen, praktisch ohne Risiko. Und ich werde den Mann töten, der mich davon abhält."

Harpos Stimme war beruhigend. „Vielleicht träumst du also. Vielleicht wird es überhaupt keinen Jobwechsel geben."

„Ich habe den Bericht gesehen, das sage ich Ihnen. Er wurde von Schiml selbst unterzeichnet."

Harpo blickte scharf auf. „Haben Sie tatsächlich Schimls Unterschrift darauf gesehen?"

„Ich habe es gesehen. Ich bin von der Aufgabe entbunden, und du auch. Wir wurden beide rausgeschmissen. Kannst du das nicht klarstellen? Nach all der Zeit – und nur weil sie jemanden hier haben, der sie aufregt."

Harpo schnaubte. „Sie sind also schon einmal auf Gespensterjagd gegangen. Wohin, glauben Sie, wird es sie dieses Mal führen? Außersinnliche Kräfte!" Der riesige Mann spuckte verächtlich aus. „Haben Sie schon einmal jemanden mit übersinnlichen Kräften gesehen? Nun ja, ich auch nicht. Sehen Sie, Jacques, seien wir ehrlich: Schiml würde seinen linken Arm an der Schulter hergeben, um den Beweis für übersinnliche Kräfte in irgendeiner Form zu haben." Harpo grinste unangenehm. „Sie haben den Beweis dafür schon einmal gesehen. Er glaubt daran , er will es beweisen. Und hin und wieder wird er es versuchen, nur um glücklich zu bleiben, nur um in Form zu bleiben. Es gibt keinen Aufruf dazu." sei aufgeregt.

„Aber dieses Mal hat er gute Aussichten", schnappte Blackie. „Nach den Geschichten, die ich gehört habe, ist der Typ ein Phänomen. Er hat bei den Karten die höchsten Punkte erzielt – die höchsten, die jemals hier verzeichnet wurden. Auch andere Dinge, wie das Abziehen des Papiers von den Wänden, indem man sie nur ansieht, oder das Öffnen von geöffneten Karten." Wunden in zehn Minuten.

„ Du hörst also Geschichten! Hier glaube ich nichts, was ich höre." Harpo rutschte unruhig hin und her. „Wenn es etwas Greifbares gäbe, irgendetwas, das wir in die Finger bekommen könnten, würde ich zuhören. Aber es gibt keine – keine Beweise, nichts außer einer Menge wilder Geschichten. Und ich habe in meiner Zeit sogar bessere Geschichten gehört. Das können Sie." geh nicht herum und streite Geschichten –"

Jeff saß kerzengerade da und etwas schrie in seinem Gehirn. Er griff nach seinen Schuhen, ohne den quälenden Schmerz in seinen Muskeln zu bemerken, fummelte eifrig herum und sein Verstand schrie vor Aufregung. „Was für einen Beweis wollen Sie?" er knurrte.

Harpo starrte zu ihm auf, als würde er einen Geist sehen. "Bist du wach!" Er hat tief eingeatmet. Und dann: „Irgendwelche Beweise!"

„Dann schauen Sie sich das an." Und Jeff warf die zerknitterte Karte mitten in die Gruppe.

Blackie war auf den Beinen, ihr Blick war gespannt. „Ich wusste nicht, dass du auch nur annähernd bereit bist aufzuwachen", sagte sie. „Du siehst aus, als hätten sie dir wirklich alles gegeben."

„Na ja, es ist etwas passiert. Ich weiß nicht, ob ich komme oder gehe."

Blackie nickte. „Das tust du nie, nach dem Test. Sie kamen wegen dir hierher, und ich sagte ihnen, dass du einen Spaziergang gemacht hättest. Aber ich schätze, sie haben dich gefunden." Sie drückte Jeff eine Tasse Kaffee in die Hand und deutete auf die Karte. „Das haben Sie aus der Akte herausgeholt, ohne entdeckt zu werden?"

Jeffs Blick traf ihren für einen kurzen Moment. „Das stimmt. Und ich habe gehört, wovon du gesprochen hast." Er bemerkte den kleinen warnenden Ton in ihren Augen: den stillen, hilflosen Appell. Er schüttelte unmerklich den Kopf. Da wusste er, dass sie den anderen nichts von ihrem Kampf um die Würfel erzählt hatte. Er zeigte auf die Karte. „Ich denke, das beantwortet viele Dinge."

Harpos Augen waren misstrauisch. „Woher wissen Sie, dass das der Mann ist?"

„Weil ich ihn hierher gefahren habe, deshalb." Jeffs Stimme war ein Knurren; es klang scharf in dem stillen Raum. „Ich wusste, dass er hier war, weil er hierherkam, um mir zu entkommen. Aber ich wusste nicht, dass er irgendeine Verbindung zu ESP hatte, bis ich die Karte sah."

Harpo starrte auf die Karte, dann auf Jeff. „Du meinst, du hast ihn hierher gefahren?"

„Das stimmt. Denn ich hätte ihn getötet, wenn er nicht gekommen wäre." Jeffs Gesicht war dunkel, als er sich dem Mädchen zuwandte. „ Sag es ihm, Blackie. Sag ihm, warum ich hier bin."

Blackie hat es ihnen erzählt. Sie hörten mit großen Augen zu und der Raum war still wie ein Grab.

„Und Sie kamen hierher, um diesen Mann zu töten – nichts weiter?" Harpos Stimme war ungläubig. „Aber Mann, du befindest dich auf dünnem Eis, sehr dünnem Eis. Wenn sie dich letzte Nacht getestet haben, wirst du zugewiesen. Naja, du könntest jederzeit gezwungen werden, eine Entlassung zu unterschreiben."

„Ich weiß es, ich weiß es. Verstehst du nicht, warum jetzt keine Zeit zum Streiten ist?" Jeffs Stimme brach in dem stillen Raum, scharf und eindringlich. „Das ist der Mann, den ich suche und den Sie suchen, der mit ESP, der Schiml und seine Männer so begeistert! Er steht hier auf der Karte!"

Harpos Augen waren schmal. „Gibt es außer der Karte noch andere Beweise dafür, dass Conroe der Mann ist?"

Jeffs Stimme war leise vor Hass. „Sehen Sie. Ich bin seit fünf Jahren auf der Jagd nach dem Mann. Eine lange Zeit. Ich habe ihn gejagt, wohin er auch gegangen ist. Die beste Detektivagentur in Nordamerika hat mir mit Händen und Füßen dabei geholfen, ihn aufzuspüren." Aber sie haben ihn nicht erwischt. Wir haben ihn fast erwischt, wir haben ihn heimgesucht, wir haben ihn durch das Land und die Welt hin und her getrieben, bis er zerlumpt war. Aber wir haben ihn nie erwischt. Nicht wahr? Irgendeine Bedeutung dafür? Immer wieder sind wir so nahe gekommen, dass wir es nicht verfehlen konnten – und dann haben wir es verfehlt. Wir sind zu oft zu nahe gekommen, als dass es ein Zufall gewesen wäre. Es gibt noch einen anderen Faktor, einen Faktor, der Conroe warnen lässt: Zeit nach einiger Zeit. Es hat ihm ermöglicht, aus perfekt verschlossenen Fallen herauszuschlüpfen – *ein Faktor wie zum Beispiel die Vorahnung* ."

Es herrschte langes Schweigen. Dann war der böse Franzose auf den Beinen, die Lippen zu einem böswilligen Grinsen verzogen. „Wenn wir schnell genug handeln, können wir es stoppen – es im Keim ersticken. Wir sind jetzt von der Lohnliste gestrichen. Aber wir können es wieder aufnehmen, wenn ihr Wunderkind stirbt."

Harpos Augen blitzten. „Und wie wollen Sie das machen?"

„Nichts einfacheres auf der Welt. Wir finden einfach den Kerl." Das Grinsen des fiesen Franzosen wurde breiter. „Dann , nachdem wir ihn gefunden haben, erzählen wir unserem Freund Jeff davon ."

Jeffs Herz hämmerte gegen seine Rippen. „Das stimmt", sagte er mit heiserer Stimme vor Eifer. „Such ihn einfach für mich."

Harpo beugte sich langsam vor und schenkte sich eine weitere Tasse Kaffee ein. „Dann lass uns über Pläne reden", sagte er leise.

Die Planung verlief reibungslos. Jeff beugte sich eifrig vor. Die Verzweiflung und Hoffnungslosigkeit der letzten Stunde verflüchtigte sich und hinterließ Finger wilder Erregung, die durch seine Muskeln krochen, seinen Rücken hinauf und hinab. Diese Leute wussten, wo sie waren; Sie wussten, wie man an diesem bösen Ort jagt, wohin man geht und was man tut. Das war die Hilfe, die er brauchte, um seine Mission zu erfüllen, die Hilfe, die er von Anfang an gebraucht hatte. Und jetzt würde endlich nichts mehr schiefgehen. Vorsichtig wurde die letzte Falle gestellt – der letzte Versuch dieser Fahndung, die so lange gedauert hatte und so erfolglos geblieben war. Dieses Mal würde es keinen Ausrutscher geben.

Nachdenklich befingerte Harpo die Karte. „Diese Daten müssen eine gewisse Bedeutung haben. Gab es Anzeichen dafür, dass Conroe zu dieser Zeit hier war?"

Jeff schüttelte den Kopf. „Keine Anzeichen. Er kann nicht länger als drei Tage am Stück hier gewesen sein, sonst hätte ich davon gewusst."

Harpo grunzte und blickte scharf auf Jeffs Gesicht. „Und Sie hatten keinen eindeutigen, direkten Beweis dafür, dass er sich irgendwie einer übersinnlichen Begabung bediente, um Ihnen zu entkommen?"

Jeff runzelte die Stirn. „Keine direkten Beweise. Ich fürchte, nicht. Es gab keinen Grund, es zu vermuten, bis ich die Karte fand. Dann begann ich im Nachhinein, lustige Dinge zu ergänzen, die zuvor unbemerkt geblieben waren."

Harpo nickte. „Ja. So würde es sein. Aber Schiml muss direkte Beweise dafür gehabt haben. Diese ESP-Studie ist genau wie die Raumfahrt. Sie sind schon seit Jahren hinter ihr her, sie fangen immer wieder damit an, jedes Mal aufs Neue." Winkel kommt zur Sprache. Denn wenn sie Erfolg haben, könnte es so vielen Menschen so viel bedeuten.

Der böse Franzose schnaubte. „Sicher. Als würde man uns nach all den Risiken, die wir eingegangen sind, endgültig die bezahlten Jobs wegnehmen. Öffne ihnen die Tür zum ESP, und es gäbe zwanzig Jahre lang keine andere Arbeit im Zentrum. Und wenn Wir sind nicht zufällig das, wonach sie suchen …" Er fuhr sich mit dem Finger über die Kehle und runzelte die Stirn. „Der Mann ist hier. Wir müssen Informationen über ihn haben, in Vergangenheit und Gegenwart. Das bedeutet, dass wir die Archive durchsuchen müssen. Es gibt keinen besseren Ansatz." Er richtete seine scharfen kleinen Augen auf Jeff. „Sie wissen, wie die elektronischen Akten funktionieren. Sie sind derjenige, der im Archiv alles ausgraben kann, was wir wissen müssen."

Jeff nickte. „Aber ich brauche Zeit, um ohne Unterbrechung arbeiten zu können. Können Sie mich in die Archivdateien bringen, ohne erwischt zu werden?"

Der böse Franzose nickte eifrig. „Nichts dagegen. Geben Sie uns eine halbe Stunde, um den Weg freizumachen und sich um die Wachen zu kümmern." Er blickte zu Harpo auf. „Der alte Feueralarm-Gag sollte es schon tun. Dann kannst du direkt runtergehen."

„Und können Sie es etwa eine Stunde lang für mich freihalten?"

„Für fünf Stunden, wenn nötig." Harpo stand abrupt auf. „Wir fangen jetzt damit an, alles in Ordnung zu bringen. Sobald es klar ist, gebe ich dir einen kurzen Anruf. Geh nicht ran. Komm einfach vorbei. Blackie kann dir eine Karte zeichnen, während du wartest." Der kahlköpfige Riese wollte gerade gehen, dann drehte er sich um. „Und lassen Sie sich nicht von den Alarmglocken stören. Wir haben schon früher Möglichkeiten gefunden, Wachen zu beschäftigen." Er berührte kurz seine Stirn und verschwand zusammen mit dem fiesen Franzosen im Korridor.

„Ich denke, es wird funktionieren", hauchte Jeff und steckte Blackies grobe Bleistiftkarte in seine Tasche. „Ich denke, wir haben ihn. Sobald wir wissen, wo er ist und was sie mit ihm machen werden …" Er grinste zu ihr hoch, seine Augen leuchteten. „Seine Zeit wird knapp, Blackie. Er ist so gut wie tot."

Das Mädchen beugte sich vor, goss Kaffee ein und saß schweigend da. Jeff beobachtete ihr Gesicht, als würde er es zum ersten Mal sehen. Tatsächlich wirkte das Gesicht des Mädchens zum ersten Mal weicher. Im gedämpften Licht des Raumes verschmolzen die harten Linien auf magische Weise. Ihr Gesicht wirkte jünger und frischer, als ob im Laufe des Abends eine seltsame Maske abgefallen wäre.

Aber ihre Augen waren besorgt, als sie Jeff beobachtete und ihre Kaffeetasse zum gespielten Gruß hob. „Zum Jäger", sagte sie leise.

Jeff hob seine eigene Tasse. „Ja. Aber nicht mehr lange."

„Es kann nicht mehr lange so weitergehen, Jeff. Als nächstes kommt deine Nummer."

„Zur Aufgabe?" Jeffs Augen blitzten. „Glauben Sie, dass das für mich einen Unterschied macht? Ich werde das bis zum Ende durchziehen, egal, was passiert."

„Aber Jeff, du kannst keine Freigabe unterschreiben."

Jeff starrte sie im stillen Raum an. „Warum nicht? Wenn es das Einzige ist, was ich tun kann –"

Ihre Augen waren groß und sehr dunkel. „Oh, Jeff, du bist hier in schrecklicher Gefahr."

"Ich weiß, dass."

„Das tust du nicht, das tust du nicht." Das Mädchen schüttelte den Kopf und Tränen stiegen ihr in die Augen. „Du weißt nichts, Jeff, über die Mercy Men oder die Art von Arbeit, die sie machen. Oh, ich weiß, du denkst, dass du es weißt. Aber das weißt du wirklich nicht. Schau, Jeff – sieh es dir genau an – du Du bist jung, du bist schlau. Es gibt andere Möglichkeiten, dein Leben zu verbringen, wichtigere Dinge, die du tun kannst. Kannst du das nicht sehen? Kein Mann ist es wert, dein Leben wegzuwerfen, egal, was er dir angetan hat . Das ist es, was du tust. Du gehst in eine Sackgasse, in eine Todesfalle! Verschwinde, solange du kannst."

Jeffs Kopf schüttelte sich, seine Lippen waren fest zusammengepresst, bis die Farbe aus ihnen verschwand und hellgraue Linien zurückblieben. „Ich kann nicht raus. Ich kann einfach nicht. Nichts, was irgendjemand sagen könnte, könnte mich jetzt raustreiben."

„Aber du musst rennen, solange du kannst! Oh ja, geh heute Abend dorthin, wenn es sein muss, und versuche, ihn zu finden. Aber wenn du ihn nicht findest, hau ab und renne. Jeff, verschwinde heute Abend. Sie Ich kann dich nicht aufhalten; sie haben noch keinen rechtlichen Einfluss auf dich. Aber sobald sie eine Freilassung bringen, bist du süchtig. Dann wird es zu spät sein."

Jeffs Augen wurden schmal, er setzte sich auf das Bett und sah das Mädchen an. Auf ihrem Gesicht lag ein elfenhafter Ausdruck, in ihren großen grauen Augen eine seltsame Intensität, die er noch nie zuvor gesehen hatte. "Was kümmert es dich?" fragte er plötzlich. „Was kümmert es dich, was ich tue?"

Die Stimme des Mädchens war leise und die Worte kamen so schnell heraus, dass er ihnen kaum folgen konnte. „Sehen Sie, Jeff, Sie und ich – wir könnten als Team zusammenarbeiten. Sehen Sie nicht, was wir tun könnten? Wir könnten hier gemeinsam rauskommen. Wir könnten aus der Stadt raus und an die Westküste gehen Würfel, denk an die Würfel, Mann – wir könnten aufräumen! Du gehörst nicht hierher auf die Folterbank. Und ich würde auch nicht hierher gehören, wenn wir zusammenarbeiten könnten –"

Irgendwo in der Ferne begann eine Alarmglocke eindringlich zu läuten und hallte durch die Korridore. Dann ertönte ein lautes Getöse von Schritten, gebrüllten Befehlen und Rufen den Flur hinauf und hinunter, und das Quietschen von drei schnell hintereinander vorbeifahrenden Kleinkrams. Dann wurde es plötzlich wieder still im Korridor.

Jeff bemerkte den Lärm kaum. Er starrte das Mädchen an, seine Hände zitterten. „Blackie, Blackie, denk nach, was du sagst. Der Pech-Fluch. Hast du es vergessen? Hier bist du davor sicher. Aber draußen, was würde passieren? Wir könnten es versuchen, ja, aber was wäre, wenn." Der Fluch ist uns gefolgt?

„Oh, aber Jeff, das ist albern." Sie schluckte, ihre Augen liefen fast über, als sie versuchte, die Tränen zurückzudrängen. „Es ist nicht nur Egoismus, Jeff. Ich könnte hier bleiben . Ich habe heute Nachmittag mit Schiml gesprochen , bevor Harpo und Jacques angefangen haben zu reden. Sie sind raus – ja. Aber ich nicht. Er will, dass ich bleibe, sagt er ein Platz für mich in der Arbeit. Aber ich will nicht bleiben.

Jeff schüttelte langsam den Kopf, seine Augen waren müde. „Es sind keine Würfel, Blackie. Nicht jetzt. Nachdem ich Conroe habe, nachdem ich hier raus bin, könnte ich vielleicht darüber nachdenken. Aber ich habe über diese Würfelsache überhaupt nicht nachgedacht. Verstehst du das nicht? Ich müsste es sorgfältig durchdenken, mit all seinen Konsequenzen. Und dazu war ich nicht in der Lage. Es war nicht wichtig genug. Ich muss zuerst einen Mann töten, und zwar vor allem anderen. Und ich „Ich werde ihn töten. Ich werde ihn heute Nacht töten."

„Dann tu es auf jeden Fall. Hol ihn heute Abend! Und dann verschwinde, bevor etwas passiert –"

In der Ecke klingelte das Telefon zweimal scharf, dann verstummte es. Ihre Blicke trafen sich scharf und verzweifelt. „Es wird nichts passieren", sagte Jeff leise. „Machen Sie sich darüber keine Sorgen. Ich bin schon zu lange dabei, als dass etwas passieren könnte."

In den grauen Augen des Mädchens lag ein hektisches Leuchten, als sie zu ihm aufsah, eine Tiefe und Aufrichtigkeit, die er noch nie zuvor gesehen hatte. Ihre Augen flehten ihn an. „Du weißt es nicht, du weißt es nicht …"

Und dann lagen sie einander in den Armen und zogen sich verzweifelt aneinander. Seine harten Lippen trafen auf ihre weichen, trafen sich und hielten sie fest. Als sie sich dann trennten, war wieder ein Ausdruck in ihren Augen zu sehen, und er hörte, wie ihr Atem scharf an seinem Ohr schnitt. „Jeff-"

Sanft legte er einen Finger an seine Lippen und löste ihre Arme von ihm. „Sag es nicht", flüsterte er. „Nicht jetzt, Blackie. Nicht jetzt –"

Und dann war er draußen, im Flur. Die kühle Luft erfasste ihn und er rannte den Korridor entlang zur Treppe. Er beeilte sich gegen die Zeit, die die Männer auf seine Sicherheit vorbereitet hatten. Und während er rannte, spürte er, wie sein Herz in seinen Ohren hämmerte, und er wusste, dass die Stunde nahte.

KAPITEL ZEHN

Jacques und Harpo warteten am oberen Ende der Rolltreppe auf ihn. Er nickte und folgte ihnen den Korridor entlang zu dem kleinen Kleintransporter, der wartete.

"Alles bereit?"

„Alles klar. Die Wachen oben in der N-Einheit sind alle damit beschäftigt, ein Feuer zu löschen. Sie werden uns erst in ein paar Stunden belästigen." Der böse Franzose blickte verächtlich. „Aber Sie müssen sich beeilen. Wenn sie zurückkommen, werden wir eine Zeit haben, sie wieder aufzuhalten."

Jeff nickte. „Das sollte reichen. Dann haben wir vielleicht heute Nacht andere Dinge, mit denen wir die Wachen beschäftigen können."

Der Ausflug begann mit einem Ruck und einem Kreischen. Harpo kümmerte sich um die Steuerung und ließ das kleine Auto schnell den Korridor hinunterfahren. Plötzlich schwang es in einen pechschwarzen Tunnel, nahm eine abrupte Senke und begann mit rasender Geschwindigkeit nach unten zu sausen. Jeff packte das Geländer und schnappte nach Luft.

„Es ist ein langer Weg nach unten", kicherte Harpo und lehnte sich in der Dunkelheit zurück. „Die Archive bewahren die permanenten Aufzeichnungen des gesamten Hoffman Centers seit seiner Eröffnung auf. Deshalb handelt es sich um einen Tresorraum, damit Bombenangriffe ihn nicht zerstören. Es ist eines der wertvollsten Gräber der Geschichte."

Der Jitney schoss in einen beleuchteten Korridor. Jeff schluckte und spürte, wie seine Ohren knackten. Das kleine Auto sauste durch ein Labyrinth aus Tunneln und Korridoren. Schließlich ließ es sich vor den schweren Stahltüren am Ende eines großen Korridors auf dem Boden nieder.

Wortlos ging Harpo zum Ende des Korridors und zog den Lieferwagen hinter sich her. Er öffnete die Motorhaube und begann geschäftig darin herumzuscharren.

Der böse Franzose kicherte. „Wenn jemand vorbeikommt, geht die Alarmsirene los, und Harpo ist nur ein armer Techniker, der versucht, das Ganze zum Stillstand zu bringen." Der kleine Mann ging schnell zu den Stahltüren. „Es ist nicht das erste Mal, dass ich daran arbeiten muss", sagte er schlau. „Wir wollten vor ein paar Monaten hier rein, als sie versuchten, mit einigen von uns einen Deal auszuhandeln. Damals habe ich das Kombinationsmuster ausgearbeitet; es hat mich drei Tage gekostet. Sie ändern die Kombination natürlich regelmäßig, aber das Muster." ist im Schloss eingebaut."

Er öffnete ein kleines Lederetui und legte ein Instrument gegen das Schloss. In seiner anderen Hand lag ein langer, dünner Draht bereit. Jeff hörte mehrere gedämpfte Klicks; dann steckte Jacques den Draht scharf in etwas hinein. Eine Alarmglocke über der Tür gab ein dumpfes, halbherziges Klingeln von sich und verstummte wieder , als hätte sie es sich im letzten Moment anders überlegt. Einen Moment später blickte der kleine Franzose auf und zwinkerte, und die stählerne Tresortür rollte langsam zurück.

Der Ort roch feucht und leer. Drei Wände und die Hälfte der vierten waren mit elektronischen Aktenkontrollen beschäftigt. Der Großteil des Raumes war mit Tischen, Mikroviewern , Lesegeräten, Aufnahmegeräten und anderen Lerngeräten besetzt. Es gab nichts Kleines im Raum; Der ganze Ort atmete von Größe, von Komplexität, von vielen Jahren der Arbeit und Weisheit, von vielen Leben und vielen, vielen Todesfällen. Es war ein Aufnahmeraum, den viele Leben gebaut hatten.

Jeff ging auf das Bedienfeld zu. Er fand den Master-Codierer und setzte sich auf einen Stuhl davor, ließ seinen Blick sorgfältig darüber schweifen und schätzte die riesige Ablagemaschine ein. Und dann, ganz plötzlich, hatte er schreckliche Angst. In seinem Magen bildete sich ein Knoten, und auf seiner Stirn brach kalter Schweiß aus. Ein Gesicht tauchte wieder scharf vor seinem geistigen Auge auf. Es war das riesige, gruselige Gesicht, das ihm in seinen Träumen immer wieder in den Sinn gekommen war; das Gesicht voller Hass und Boshaftigkeit – blass und unmenschlich.

Es war das Gesicht eines herzlosen, sinnlosen, blutigen Attentäters. Aber war das alles? Oder steckte mehr hinter diesem Gesicht, mehr hinter diesem Traum, als Jeff jemals vermutet hatte? Etwas tief in seinem Kopf regte sich und jagte ihm einen Schauer über den Rücken. Seine Hand zitterte, als er mit der Hand über das Bedienfeld fuhr. Ein Geist befand sich neben ihm, ein Geist, der ihm so lange auf dieser nebulösen Spur aus Bitterkeit und Hass gefolgt war – einer Spur, die in genau diesem Raum enden würde.

Er schüttelte wütend den Kopf. Es gab keine Zeit für Panik, keine Zeit zum Grübeln. Er wählte die Panel-Code-Kombination für die Mercy Men und die Forschungseinheit. Dann berechnete er die Codierung für Conroes Namen. Mit zitternden Fingern tippte er die Codierung ein, drückte den Markierungsknopf und lehnte sich mit wild klopfendem Herzen zurück. Er beobachtete den Empfängerschlitz nach den verräterischen Karteikarten und dem Folio.

Die Datei quietschte und klapperte und surrte und stöhnte, und schließlich leuchtete die blasse Hinweistafel auf: Keine Informationen.

Jeff blinzelte, ein Schauer lief ihm über den Rücken. Diese Akten waren die letzte Berufung; Die Informationen mussten hier sein. Schnell berechnete er einen Beschreibungscode, gab ihn ein und wartete erneut mit zunehmender Spannung. Immer noch keine Informationen. Er holte die Codekarte aus seiner Tasche, die Karte aus der Akte der Mercy-Männer oben, die Karte mit dem eigenen Bild von Conroe im Hoffman Center. Er speiste es in den photoelektrischen Tracer ein und markierte es mit der notwendigen Codierung für eine unbegrenzte Dateisuche: „Jede Person, die dieser Beschreibung in irgendeiner Weise ähnelt: irgendwelche Informationen über …“ Wieder lehnte er sich schwer atmend zurück.

Das Surren ging immer weiter. Dann flackerte die kleine Tafel unaufhaltsam und buchstabierte ein einzelnes Wort:

"Unbekannt."

Jeff würgte. Mit zitterndem ganzen Körper starrte er auf das Panel und ging die Codierung Schritt für Schritt noch einmal durch, suchte nach einem Fehler, fand aber keinen. Es war unmöglich, es konnte nicht sein – und dennoch enthielten die Akten keine Informationen. Als hätte es nie einen Paul Conroe gegeben. Es gab nicht einmal eine Referenzkarte zu der Karte in den Akten der Mercy-Männer.

Er starrte auf die Tafel und sein Verstand rebellierte vor Protest. Nichts, nicht einmal eine Spur an der einen Stelle, wo es vollständige Informationen geben musste. Er war in einer Sackgasse angelangt – der letzten Sackgasse, die es im Hoffman Center geben konnte.

Der böse Franzose zündete sich eine Zigarette an und beobachtete Jeff aus leuchtenden Augen. "Kein Glück?"

„Kein Glück“, sagte Jeff gebrochen. „Wir sind geschlagen. Das ist alles.“

„Aber es muss …“

„Nun, das gibt es nicht!“ Jeff schlug krachend mit der Faust auf den Tisch, seine Augen leuchteten. „Von dem Mann hier drin gibt es keine Spur, kein Flüstern. Es muss da sein – und das gibt es nicht. Es ist wie jedes andere Mal: eine leere Wand. Leere Wand nach der anderen. Ich werde ihrer müde, Ich bin es so schrecklich leid, in eine Sackgasse nach der anderen zu rennen. Er stand auf, seine Schultern hingen herab. „Ich habe es zu satt, um weiterzumachen. Es hat keinen Sinn mehr zu spielen. Ich verschwinde hier, solange ich noch eine ganze Haut habe.“

„Vielleicht hast du mehr Zeit als du denkst.“ Der böse Franzose beäugte ihn alarmiert. „Die Zeit ist nicht zu knapp. Es kann Wochen dauern, bis Sie zugewiesen werden.“

Jeff starrte ihn an. „Nun, ich kenne einen Weg, das herauszufinden.“ Er ging zum Bedienfeld, deutete wütend mit dem Finger auf den Hauptcodierer und wählte die Codierung für „J. Meyer" aus. „Sie werden mich auch hier haben", schnappte er. „Das Ganze funktioniert bei mir: Was die Tests gesagt haben, was sie mit mir machen werden. Das ist eine Möglichkeit, das herauszufinden." Schnell tippte er die Codierung ein, drückte den Markierungsknopf ...

Die Maschinerie surrte noch einmal kurz. Dann gab es ein Klicken im Empfängerschlitz und noch eins und noch eins. Jeff blinzelte, während die Mikrofilmrollen weiter herunterfielen. Dann griff er nach der einzelnen weißen Karte, die auf die Rollen fiel. Seine Finger waren feucht, als er die Karte entgegennahm. Vielleicht sein eigenes Todesurteil? Er warf einen Blick auf die Karte und erstarrte. Sein Kopf begann zu pochen, als würde er platzen.

„J. Meyer", hatte er eingetippt, und das stand auch auf der Karte – *aber nicht Jeffrey Meyer*. Auf der Karte war ein Foto eines grauhaarigen Mannes mittleren Alters abgebildet, und oben auf dem maschinengeschriebenen Namen stand: JACOB MEYER.

Und das Bild war ein Foto des Gesichts seines Vaters.

Es war unmöglich, unglaublich, aber er starrte auf die Karte in seiner Hand. Es ist nicht verschwunden; es blieb dort. Es hieß immer noch: „Jacob Meyer"; Es zeigte immer noch die geliebten Gesichtszüge seines Vaters, der ihn von der Karte aus verständnislos anstarrte. *Sein Vater!*

Sein Herz raste, als er auf die kurze maschinengeschriebene Notiz unter dem Bild starrte: „Geboren am 11. August 2050 in Des Moines, Iowa; verheiratet am 3. Dezember 2077, Ehefrau gestorben bei der Geburt am 27. November 2078; ein Sohn Jeffrey, geboren am 27. November 2078." Dann folgten eine Reihe von Daten: Datum des Bachelor-Abschlusses, Datum des Master-Abschlusses und der Promotion; Außerordentlicher Professor für Statistik an der Rutgers University, 2079-2084; trat 2085 dem Government Bureau of Statistics bei. Am Ende der Karte befand sich schließlich eine lange Reihe von Referenznummern zu Mikrofilmdateien.

Jeff ließ sich in den Stuhl sinken, seine Gedanken drehten sich hilflos. Er blickte den fiesen Franzosen benommen an. „Du könntest genauso gut gehen", sagte er. „Ich muss etwas lesen."

Fiebernd schnappte er sich die Mikrofilmrollen, trug sie zum nächsten Lesegerät, drehte die Spule in das Gerät und richtete seinen Blick auf den Sichtschlitz, sein Herz hämmerte bis zum Hals ...

Die erste Rolle bestand aus einer langen, detaillierten Reihe von Zusammenfassungen statistischer Arbeiten, alle von Jacob A. Meyer, Ph.D., verfasst, alle mit Randnotizen in kritzeliger, spinnenartiger Handschrift und mit den Initialen „RDS" versehen. Die Papiere umfassten eine Vielzahl von Studien; Einige befassten sich mit den Techniken statistischer Analysen selbst, andere befassten sich mit spezifischen Studien, die durchgeführt worden waren.

Die Arbeiten waren wissenschaftlich verfasst und perfekt dokumentiert, doch in den Randbemerkungen gab es immer wieder Kritik, sowohl an den notierten Stichproben als auch an den gezogenen Schlussfolgerungen. Jeff las einige der Papiere durch und runzelte die Stirn. Sie datierten über einen Zeitraum von vier Jahren, als sein Vater Statistik unterrichtet hatte. Es gab mehrere Dutzend Papiere, alle mit Randbemerkungen, von denen keiner für Jeff viel Sinn ergab. Mit einem Seufzer zog er die Rolle heraus und legte eine andere hinein.

Dieser schien etwas lohnender zu sein. Es handelte sich um einen Brief, unterzeichnet von Dr. Roger D. Schiml , der fast zwanzig Jahre zurücklag und an das Government Bureau of Statistics gerichtet war. Jeffs Augen überflogen kurz den Brief, fingen hier Wörter und dort Sätze ein:

> ... als Forschungsdirektor am Hoffman Center hielt ich es für meine Pflicht, höhere Behörden auf diesen unglaublichen Zustand aufmerksam zu machen ... Natürlich muss eine statistische Analyse der Angelegenheit durchgeführt werden, bevor man zu dem Schluss kommen kann, dass dies der Fall ist Es gab einen deutlichen Anstieg von Geisteskrankheiten jeglicher Art in der allgemeinen Bevölkerung ... haben Dr. Meyers Analysen in der Vergangenheit mit großem Interesse verfolgt und würden sich freuen, wenn er innerhalb des nächsten Monats zum Hoffman Center kommen könnte, um mit einer solchen zu beginnen Studie....

Es gab nichts Greifbares, nichts Sinnvolles. Jeff blätterte durch die Rollen und steckte eine weitere in das Lesegerät. Diesmal las er den Brief einer unbekannten Person an Dr. Schiml viel genauer . Er war fast ein Jahr später datiert als der vorherige Brief. In dieser Notiz wurde an mehreren Stellen auf die „fast unglaublichen Ergebnisse der vor einigen Monaten durchgeführten statistischen Studie" verwiesen. Es verwies auch auf die soeben abgeschlossene Untersuchung möglicher störender Elemente in der Analyse. Den letzten Absatz las Jeff dreimal durch, wobei ihm fast die Augen platzten.

> Es bestand kein Zweifel daran, dass die Daten zuverlässig waren und ordnungsgemäß erfasst wurden; Natürlich folgten die Ergebnisse der Analyse mathematisch aus den Daten. Es schien also, als hätten wir es mit einem bisher

völlig unerwarteten Störfaktor zu tun. Unsere Untersuchung führt uns zu der unvermeidlichen , wenn auch kaum glaubwürdigen Schlussfolgerung, dass Dr. Jacob A. Meyer selbst der einzige störende Faktor in der Analyse *war* . Keine andere Möglichkeit entspricht den Tatsachen des Bildes. Wir empfehlen daher, die bisherigen Arbeiten von Dr. Meyer intensiv zu studieren, um die offensichtlichen Fragen zu beantworten, die ein solcher Bericht aufwirft. Wir empfehlen außerdem, dies unverzüglich vorzunehmen.

Am Anfang des Briefes stand in roter Schrift die sorgfältige Einschränkung der Regierung: STRENG GEHEIM .

Eine weitere Rolle landete im Lesegerät. Darin befand sich der Briefkopf eines New Yorker Psychiaters. Jeffs Blick fiel auf den Namen und er las gespannt:

Sehr geehrter Herr Dr. Schiml ,

Wir haben die Mikrofilmaufzeichnungen, die Sie uns zur Verfügung gestellt haben, mit äußerster Sorgfalt studiert und uns wie angewiesen mit dem Studium von Jacob Meyer beschäftigt. Obwohl es unmöglich ist, eine positive Diagnose zu stellen, ohne den Patienten persönlich zu befragen und zu untersuchen, sind wir geneigt, Ihre in Ihrem Brief dargelegten Ansichten zu unterstützen. Zur Möglichkeit des Auftretens anderer bemerkenswerterer Phänomene sind wir nicht bereit, Stellung zu nehmen. Aber wir müssen darauf hinweisen, dass dieser Mann mit ziemlicher Sicherheit einen regelmäßigen manisch-depressiven Zyklus durchläuft, in einem depressiven Tiefpunkt gefährlich depressiv oder sogar selbstmörderisch sein kann und sich und andere in einer manischen Hochstimmungsphase gefährden kann. Solch eine Person ist äußerst gefährlich und sollte nicht die Freiheit haben, zu gehen, was sie möchte.

Jeff blickte auf, Tränen strömten aus seinen Augen. Sein ganzer Körper war schweißnass. Als er aufstand, konnte er kaum das Gleichgewicht halten. Was liegt! Die Vorstellung, dass sein Vater verrückt gewesen sein könnte, dass er irgendeinen von ihm erstellten statistischen Bericht gefälscht haben könnte – das war unmöglich, ein Haufen unglaublicher Lügen. Aber sie waren hier, in den Akten des größten medizinischen Zentrums der Welt – Lügen über seinen Vater, Lügen, die Jeff nicht einmal angreifen konnte, weil er sie nicht verstehen konnte.

Die Tür schwang plötzlich auf, und der böse Franzose steckte keuchend den Kopf hinein. „Mach besser los", knurrte er. „Es kommen Wachen." Sein Kopf verschwand abrupt und Jeff hörte Harpos Stimme, die ihn anbrüllte: „Komm schon, wir müssen rennen!"

Jeffs Beine ließen sich kaum bewegen. Er fühlte sich taub, als wären plötzlich tausend Nervenzentren auf einmal getroffen worden. Er fummelte herum und stopfte die Mikrofilmrollen in seine Taschen, seine Gedanken wirbelten. Es hatte keinen Sinn: kein Verständnis, keine Erklärung. Er wusste, dass es irgendwie einen Zusammenhang zwischen diesen vor so langer Zeit aufgenommenen Aufzeichnungen seines Vaters und dem Fehlen jeglicher Informationen über Paul Conroe in den Akten gab. Aber er konnte den Link nicht finden.

Er rannte in die Halle und sprang in den Lieferwagen. Er klammerte sich um sein Leben, als es durch den Tunnel nach oben raste und wieder in die Schwärze der Spirale hinein. Plötzlich erklang in seinen Ohren ein weiteres Geräusch, das laute, eindringliche Klingeln einer Alarmglocke.

Harpo sah den bösen Franzosen und dann Jeff an. „Oh, oh", sagte er leise. „Sie sind einer Sache auf der Spur. Das ist eine Generalprobe. Wir kehren besser in unser Quartier zurück – und zwar schnell!"

Er schob die Bedienelemente etwas weiter nach vorne und Jeff spürte, wie das Auto nach vorne sprang. Schließlich ließ es sich im Quartierskorridor nieder. Sie sprangen heraus, Harpo stellte die Wählscheiben für die Rückkehr des Wagens ein, und die drei Männer rannten zu ihren Quartieren, die Glocke noch immer in ihren Ohren klingelnd.

Während er rannte, schwirrten in Jeffs Gedanken Gedanken umher – hoffnungslose Gedanken, unruhige Gedanken. Während er hinaufgeritten war, hatten sich in seinem Kopf kleine Risse gebildet. Kleine Räume, die er nie verstanden hatte, begannen plötzlich einen Sinn zu ergeben und summierten sich zu Fragen, großen Fragen. Es war zu einfach, zu einfach, dass Conroe hierher kam und verschwand, als wäre er nie am Leben gewesen. So kam es nicht, nicht einmal für Conroe.

Andere Dinge rückten langsam in den Fokus und flackerten kurz durch seinen Kopf – Dinge, die vor Jahren passiert waren, Dinge, die plötzlich etwas zu bedeuten schienen. Dann, gerade als sie scharf wurden, verschwanden sie flackernd wieder außer Reichweite. Es waren Vorfälle wie die Nacht im Spielzimmer; wie die Nacht im Nachtclub mit der Tänzerin, die vor ihm schwankte; wie der plötzliche, schockierende Ruck, der ihn aus den Tiefen der Hypnose geweckt und ihn mit dem Gesicht voran gegen eine Steinmauer getrieben hatte; Dinge wie die seltsame Bösartigkeit seines Hasses auf Paul Conroe – ein Hass, der ihn bis ans Ende der Welt getragen hatte. Doch nun war dieser Hass ins Stocken geraten, und neue und beängstigendere Informationen drohten über ihn hereinzudringen.

Was sollte das heißen?

Jeff spürte, wie sich das Unbehagen in echte Angst verwandelte. Er rannte den Korridor entlang zu seinem Zimmer. Plötzlich und unvernünftig schoss ihm die Angst durch den Kopf. Er riss die Tür auf, fiel hinein, schloss sie fest hinter sich, bevor er das Licht anschaltete.

Der Raum war leer. Die Kaffeekanne stand noch immer auf dem kleinen Tisch. Es war immer noch heiß und dampfte immer noch. Blackie war verschwunden und am Rand des Tabletts brannte noch immer eine Zigarette.

Er musste raus! Da wusste er es, wusste, dass das der Grund für die unbegründete Angst war. Im Flur klingelte noch immer die Glocke und durchdrang lautstark die stille Luft im Raum. Er musste fliehen, solange er konnte. Jetzt wusste er instinktiv, dass er Paul Conroe niemals im Zentrum finden würde, niemals in tausend Jahren der Suche. Die Angst wurde stärker, eine kleine Stimme schrie in sein Ohr: „ *Warte nicht. Lauf, lauf jetzt, sonst ist es zu spät.* "

Er riss seinen Fußschrank auf und starrte auf die leeren Haken. Der Spind wurde ausgeräumt und von jedem Kleidungsstück befreit. Seine Tasche war weg, seine Schuhe, sein Mantel.

Es ist zu spät. Warten Sie nicht.

Sein Puls hämmerte in seinen Schläfen und Schweiß brach ihm auf der Stirn aus. Die Rolltreppe! Wenn er es schaffte, dann bog er in den nächsten Korridor ein und holte sich einen Kleinwagen … Es war der einzige Ausweg, und er hatte keine andere Wahl. Keuchend stürmte er erneut in den Flur und rannte durcheinander den Korridor entlang zur Rolltreppe. Dann, als er fast da war, knallte ein Drahtkäfig quer durch den Korridor und versperrte ihm völlig den Weg.

Jeff blieb abrupt stehen, seine Schuhe scharrten über den Betonboden. Sein Herz hämmerte ohrenbetäubend, als er auf das Drahtgitter starrte. Dann wirbelte er herum und rannte so schnell, wie seine Beine sich bewegen konnten, den Korridor entlang zurück. Wenn er zurück zu den Büros und zum Hauptkorridor gelangen könnte, bevor sie ihn anhielten, könnte er dort ein Auto bekommen. Weit vor sich sah er das helle Licht des Hauptkorridors. Sein Atem war ein heiseres Wimmern, als er versuchte, schneller zu rennen. Und dann, zehn Meter vor ihm, sah er, wie ein weiterer Grill auf ihn zuprallte, ihn abtrennte und ihm direkt in den Weg fiel.

Er schrie auf, ein hilfloser, verzweifelter Schrei. Er war gefangen, gefangen in dem einen Korridor. Seine Gedanken wanderten schwindlig zu Blackie.

Sie war weg gewesen. Wohin? Wo waren alle hin? Er machte sich auf den Rückweg, riss hektisch die Türen auf beiden Seiten des Korridors auf und starrte in einen Raum nach dem anderen, während ihm beim Laufen der Atem stockte. Alle Räume waren leer. Jeff spürte, wie sich sein Verstand drehte. Er spürte eine merkwürdige Unvermeidlichkeit, ein fantastisches Muster, das Gestalt annahm, als er in die leeren Räume starrte. Endlich erreichte er wieder sein eigenes. Mit großen Augen und keuchend öffnete er die Tür, schritt hinein, ließ sich auf dem Stuhl nieder und wartete.

Er wartete nicht lange. Für einige Momente war kein Ton zu hören. Dann hörte er das Geräusch von Schritten, die den Korridor entlangkamen. Er festigte seinen Griff um die Stuhllehne. Er dachte nicht länger nach. Kalte Schweißperlen standen ihm auf der Stirn, während er wartete und hörte, wie die Schritte näher kamen. Zum ersten Mal, seit er sich erinnern konnte, schoss pures Entsetzen durch seinen Geist und lähmte ihn. Er wusste, dass er zu lange gewartet hatte. Seine Chance, die Straße zu verlassen, war vertan; es gab kein Entrinnen mehr.

Dann wurde die Tür mit einigen Gestalten gefüllt. Eine davon war die große, weiße Gestalt des Dr. Schiml . Er betrat den Raum und lächelte wie die Katze, die den Kanarienvogel gefressen hat. Er ließ sich seufzend auf das Bett sinken und lächelte Jeff immer noch an. Das Mädchen folgte ihm ins Zimmer. Ihr Blick war niedergeschlagen. Sie warf ein kleines Paar Elfenbeinwürfel in die Luft und fing sie auf, als sie fielen.

Der Arzt lächelte, zog ein frisches weißes Papier aus seiner Tasche und begann es langsam aufzufalten. „Eine geschäftliche Angelegenheit", sagte er fast entschuldigend. „Ich denke, es ist an der Zeit, dass wir zur Sache kommen."

KAPITEL 11

Jeff blickte zum Gesicht des Arztes. Sein Hals fühlte sich an wie Sandpapier. Er versuchte zu schlucken und schaffte es nicht. „Entschuldigung", knurrte er. „Ich habe meine Meinung geändert. Ich rede nicht über Geschäfte."

Dr. Schiml lächelte und bewegte seinen Kopf langsam hin und her. „Ich habe gehört, dass du ziemlich geschickt im Würfeln bist, Jeff."

Jeff sprang mit geballten Fäusten vom Stuhl auf und blickte das Mädchen mit leuchtenden Augen an. „Du Schlampe", knurrte er. „ Du dämlicher Landstreicher. Für eine Tüte Salz würdest du doch deine Großmutter verkaufen, nicht wahr? Komm mit deinen Schluchzergeschichten zu mir und bitte mich, mit dir hier wegzuziehen." Seine Stimme war beißend. „Wie viel haben sie dir für den Ausverkauf bezahlt? Hunderttausend vielleicht? Oder war das nur eine kleine Routineangelegenheit? Vielleicht tausend oder zwei?"

Das Gesicht des Mädchens verfinsterte sich, ihre Augen waren verwirrt, als sie ihn anstarrte. „Nein, das stimmt nicht. Ich habe nicht-"

„Nun, es wird ihnen nichts nützen, egal wie viel sie dir bezahlt haben. Denn ich unterschreibe keine Freigabe, weder jetzt noch jemals."

Ein Wachmann packte Jeff am Arm und zwang ihn zurück in den Stuhl.

Dr. Schiml lächelte immer noch und umfasste sein Knie mit seinen Händen. „Ich schätze, du hast mich nicht ganz verstanden", sagte er freundlich. „Du darfst Blackie nicht die Schuld geben. Sie hat dich nicht unter Wert verkauft. Sie konnte einfach nicht anders, als ein paar vollkommen unschuldige Fragen zu beantworten." Sein Blick kehrte kalt zu Jeff zurück. „Wir bitten Sie nicht, eine Freigabe zu unterschreiben, Jeff. Wir sagen es Ihnen."

Jeff starrte ihn erstaunt an. „Sei nicht albern", platzte er heraus. „Ich unterschreibe keine Freigabe für euch Leute. Glaubt ihr, ich bin verrückt? Nimm es weg, verbrenne es und hol dir ein neues Versuchskaninchen."

Dr. Schiml lächelte leise und schüttelte den Kopf. „Wir wollen kein weiteres Versuchskaninchen, Jeff. Das ist es. Wir wollen dich."

Auf Jeffs Stirn bildete sich ein kleiner Schweißstreifen. „Schau", sagte er heiser. „Ich unterschreibe nichts, verstehen Sie? Ich habe es mir anders überlegt. Die Arbeit hier macht mir nichts aus. Die Firma gefällt mir nicht."

Schimls Lächeln verblasste. Er zuckte mit den Schultern und steckte das weiße Papier wieder in seinen weißen Kittel. „Ganz wie du es wünschst", sagte er. „Die Freilassung ist nur eine Formsache. Bringt ihn mit, Jungs."

"Warten!" Jeff war wieder auf den Beinen und blickte die Wachen an, seine Augen weiteten sich vor Angst. Sein Blick traf den von Schiml . „Sehen Sie, Sie haben etwas falsch gemacht. Ich bin hier eine Fälschung, ein Betrüger. Können Sie das nicht verstehen ? soweit ich es getan habe. Ich bin hierher gekommen –"

Schiml machte ein ungeduldiges Gesicht und hob die Hand. „Oh ja, ja, das weiß ich alles. Du bist hierher gekommen, weil du einem Mann hierher gefolgt bist und ihn töten wolltest. Du hast ihn jahrelang gejagt, weil du dachtest, er hätte deinen Vater ermordet." Kaltblütig und nichts würde helfen, außer dass du ihn tötest. Richtig?" Schiml blinzelte Jeff an, seine Stimme war schwer vor Langeweile. „ Also bist du hier reingekommen und hast Tests gemacht, deinen Mann gejagt und versucht, ihn zu finden. Aber du *hast ihn nicht* gefunden. Jetzt ist es plötzlich zu heiß für deinen Geschmack, also denkst du, dass es Zeit ist, dich zurückzuziehen. Richtig? Oder sind einige Details falsch?"

Jeffs Kiefer sackte herab, sein Gesicht wurde bleich. „Diese Schlampe –"

Schiml verzog das Gesicht. „Nein, nicht Blackie. Blackie ist diskret, auf ihre eigene ruhige Art. Sie hatte nichts damit zu tun. Wir wussten die ganze Zeit von dir, Jeff. Und durch eine viel zuverlässigere Quelle als Blackie." Er warf einen Blick über die Schulter auf einen der Wachen. „Bringen Sie ihn herein", sagte er abrupt.

Die Tür zum Nebenraum öffnete sich und ein Mann betrat den Raum. Er war ein großer, schlanker Mann; ein Mann mit hagerem Gesicht, blassen Wangen und großen, traurigen Augen; ein müde aussehender Mann, dessen Haar an den Schläfen grau wurde – ein Mann, dessen ganzer Körper schrecklich müde aussah.

Und Schiml schaute den Mann an und dann schaute er zur Decke. „Hallo, Paul", sagte er leise. „Hier ist jemand, der nach dir gesucht hat –"

Ein Schrei kam von Jeffs Lippen, als er durch den Raum starrte. Ein roher Tierschrei riss wie ein Messer aus seinem Mund. Seine Lippen verzogen sich und er riss die Wachen an, die seine Arme festhielten. Sein Gesicht wurde rot, seine Augen traten hervor.

Mit einem Brüllen stürzte er sich auf Conroe und brüllte, eine Flut von Hass und Beschimpfungen strömte über seine Lippen. Wieder und wieder schrie er, und in seinen Augen brannte ein unheiliges Feuer des Hasses. Conroe zuckte mit einem Schrei zurück, und dann war Schiml auf den Beinen, als Jeff erneut vorsprang und seine Muskeln sich unter dem dünnen Hemd wie Stahlbänder anspannten.

Die Wärter kämpften darum, ihn festzuhalten, und dann hielt ihn auch der Arzt fest und schrie: „Verschwinde, Paul, schnell!"

Aber Paul Conroe stand stocksteif da, wand sich von seinen Händen bis zu seinem Kopf und seine Augen füllten sich mit schrecklichem Schmerz. Plötzlich wurde die Kaffeetasse vom Tisch geschleudert, durch die Luft geschleudert und direkt auf Conroes Kopf geschleudert. Es verfehlte sein Ziel und prallte gegen die Wand.

Jeff schrie erneut und die Wände und die Decke begannen abzublättern, der Putz löste sich in großen Brocken und prallte von den Wänden auf den Boden. Ein riesiger Brocken fiel von der Decke, und dann begannen die Vorhänge plötzlich zu lodern, als ob sie von einem magischen Feuer entzündet worden wären. Schließlich begann Conroes Kleidung zu rauchen und zu glimmen.

Blackie schrie und starrte Jeff mit offenem Entsetzen an. Schimls Stimme dröhnte durch das Chaos: „Holt ihn! Beruhigt ihn, um Himmels willen, bevor er uns den Laden um die Ohren reißt!" Wieder brüllte Jeff seinen bösartigen Hass, und dieses Mal war Conroe derjenige, der schrie:

„Halt ihn auf! Er zerreißt mich innerlich. Mein Gott, halte ihn auf!"

Jemand stellte sich zwischen Jeff und Conroe. Es gab ein Flackern von Glas und Silber, als ein Kolben hineingedrückt wurde. Dann gaben plötzlich Jeffs Muskeln nach. Seine Beine kamen unter ihm hervor und er spürte, wie er zu Boden rutschte. Aber er schrie immer noch, und das Gesicht des Mannes, der ihn sein ganzes Leben lang gequält hatte, kam ihm immer näher und immer bösartiger. Dann wurde plötzlich alles um ihn herum schwarz. Sein letzter bewusster Eindruck war der von Blackie. Sie hatte ihr Gesicht in ihren Händen und schluchzte wie ein Kind in der Ecke.

Er lag auf dem langen Tisch, in kühle grüne Operationswäsche gehüllt, regungslos und kaum atmend. Seine Augen waren weit geöffnet, aber blind. Sie schienen direkt in das blasse, leuchtende Oberlicht an der Decke zu starren. Es war, als starrten sie Äonen weit in die Ferne, in eine seltsame Welt, die noch nie ein menschlicher Fuß betreten hatte.

Sein Atem ging langsam, ein raues Geräusch in dem stillen Raum. Manchmal verlangsamte es sich fast bis zum Stillstand, manchmal beschleunigte es. Dr. Schiml blieb regungslos an seiner Seite stehen, wartete und sah atemlos zu, bis das unregelmäßige Keuchen wieder langsamer wurde und sich wieder normalisierte.

Jeff lag wie eine Leiche, aber er war nicht tot. In der Nähe seines Kopfes flackerte das Panel aus winzigen Lichtern auf und ab, heller und dunkler, und übertrug ihre einfachen Ein-/Aus-Nachrichten von den unzähligen mikroskopischen Enden der winzigen Elektrode, die durch das weiche Gehirngewebe tastete.

Kein Mensch könnte jemals das Zu- und Abschwellen der Muster auf dieser Tafel analysieren, nicht einmal in fünf Leben. Aber eine Kamera könnte die Veränderungen augenblicklich filmen, flackernd und blinkend und matt auf- und ableuchtend, in tausendtausend verschiedenen Figuren und Bewegungen. Und der Computer könnte diese Muster aus dem Film nehmen, sie analysieren und vergleichen. Es würde sie in das sich ständig verändernde Bild integrieren, das auf dem kleinen Bildschirm neben dem Bett erschien.

Es war in der Tat ein grobes Instrument für die Untersuchung eines so äußerst empfindlichen und variablen Instruments wie des menschlichen Gehirns, und niemand wusste dies schmerzlicher als Roger Schiml . Aber selbst ein so grobes Instrument könnte in die seltsame Halbwelt vordringen, in die sie so lange gesucht hatten.

Neben dem Bett saß Paul Conroe regungslos, sein Gesicht war eingefallen, die hageren Wangen eingefallen. Seine Augen waren weit und ängstlich, als er die Bildtafel betrachtete, und seine Finger zitterten, als er seine Pfeife anzündete. Er schaute weiter zu.

„Es könnte so gefährlich sein", murmelte er schließlich und drehte sich zu Schiml um . „So furchtbar gefährlich."

Schiml nickte ernst und justierte den Mikrovernier , der das Sondierungsinstrument steuerte. „ Natürlich könnte es gefährlich sein, aber nicht zu sehr. Vor zwanzig Jahren wäre er bereits tot gewesen, aber wir haben all die Jahre, in denen wir auf ihn gewartet haben, keine Zeit verschwendet. Besonders bei dieser Zellenuntersuchung Technik, wir haben die Fehler ausgemerzt. Er wird in Ordnung überleben, es sei denn, wir stoßen auf etwas Mächtiges …"

Conroe schüttelte den Kopf. „Oh nein, nein. Ich meine nicht gefährlich für ihn. Ich meine gefährlich für uns. Selbst er ist sich seiner Macht nicht bewusst. Wie können wir vorhersagen, um welche Art von Macht es sich handeln könnte?" Mit großen Augen blickte er zu Schiml auf. „Dieser Raum – er wäre in weiteren fünf Minuten verschwunden, einfach in molekularen Staub zerrissen. Er hat es getan – und doch würde ich schwören, dass er nicht wusste, was er tat. Ich bezweifle, dass er überhaupt realisiert hat, was passiert ist." passiert. Und das Feuer – das war echtes Feuer, Roger. Ich weiß, ich fühlte, wie es mich verbrannte."

Schiml nickte eifrig. „ Natürlich war es echtes Feuer! Bringen Sie die Moleküle dazu, sich mit enorm beschleunigter Geschwindigkeit zu drehen, und Sie haben Feuer. Aber das sind die Dinge, die wir lernen müssen, Paul."

Conroe schüttelte ängstlich den Kopf. „Wir konnten beide das Feuer sehen, aber da war noch etwas anderes. Man konnte den Hass, der in diesem Raum herrschte, nicht spüren. Ich konnte es." Er blickte auf, seine Augen waren gehetzt. „Gott, Roger, wie könnte ein Mann so hassen? Es war dick, es lief wie Sirup in den Raum. Oh, ich habe schon oft Hass in den Köpfen gespürt, mit denen ich Kontakt aufgenommen habe. Ich habe mich gemein gefühlt." Hass zuvor, aber dieser war lebendiger, kriechender Hass –" Er seufzte, seine Hände zitterten. „Es ist in seinem Kopf, Roger. Wir wissen nicht, was er sonst noch tun könnte, selbst unter Narkose, wenn wir die richtigen Stellen treffen. Aber es ist in seinem Kopf. Dass wir es wissen. Aber warum?"

Schiml nickte erneut. „Das ist natürlich die Schlüsselfrage. Warum hasst er Sie so sehr? Wenn wir das wissen" – der Arzt breitete die Hände aus – „werden wir vielleicht die Antwort auf zwanzig Jahre Arbeit haben. Und so gefährlich es auch ist, Wir müssen es herausfinden, solange wir eine Chance haben, Paul. Das weißt du. Wir können jetzt nicht aufhören, nicht mit dem, was wir wissen. Wir wissen, dass Jeffs Wahnsinn im Moment weitaus weniger aktiv ist als der seines Vaters . Aber Wenn es uns nicht gelingt, die Bereiche zu lokalisieren und den Ort beider Faktoren, der Psychose und der übersinnlichen Kräfte, zu finden, sind wir verloren. Wir hätten keine andere Wahl, als unsere Erkenntnisse den Behörden zu übergeben. Und Sie wissen, was das bedeuten würde bedeuten."

Conroe nickte müde. „Ja, ich weiß. Massenmord, Sterilisation, Angst, Panik – alles falsche Antworten. Und selbst die Panik allein wäre in unserer psychotischen Welt tödlich."

Dr. Schiml zuckte mit den Schultern und ging zurück zum Bett. „Wir werden es bald wissen, so oder so", sagte er leise. „Wir kommen gerade durch."

KAPITEL ZWÖLF

Die Nadel bewegte sich, tastete ganz leicht ab, stimulierte tief, tief in das weiche, zerbrechliche Gewebe ... suchend, sondierend, aufzeichnend. Ein Stich, die geringste Spur von Schock, eine scharfe Reihe feuernder Nervenzellen, ein Lichtflackern, ein Bild – Jeff Meyer bewegte sich, seine Augenlider senkten sich ganz leicht, und ein Muskel in seinem Kiefer begann unwillkürlich zu zucken ...

Er schwebte sanft auf dem Rücken und ruhte auf riesigen, flauschigen, wogenden Wolken. Er wusste nicht, wo er war, und es war ihm auch egal. Er lag einfach still, drehte sich sanft wie ein Mann im freien Fall und spürte, wie die sanften Wolken um ihn herum ihn immer weiter nach unten drückten. Seine Augen waren fest geschlossen – so fest, dass kein Lichtstrahl eindringen konnte. Während er schwebte, wusste er, dass er es nicht wagen würde, sie zu öffnen, was auch immer geschah.

Aber dann waren da Geräusche um ihn herum. Er spürte, wie sich seine Muskeln anspannten und er umklammerte seine Brust mit seinen Armen. Um ihn herum schwebten *Dinge* durch die Luft und machten kleine Geräusche: winzige Quietschgeräusche und Stöhnen. Er schauderte und hatte plötzlich schreckliche Angst. Die Geräusche wurden immer lauter, flüsterten ihm ins Ohr und lachten ihn aus.

Mit einem Ruck öffnete er die Augen und starrte auf den langen, schwarzen, hohlen Tunnel, durch den er fiel. Er drehte sich immer schneller und schneller durch den Tunnel. Er bemühte sich, durch die Dunkelheit auf den Grund zu sehen, aber es gelang ihm nicht. Dann begann das Gelächter. Zuerst ein kleines, leises Kichern, ganz in der Nähe seines Ohrs, das aber immer lauter wird – unangenehmes Lachen, Kichern, Gelächter. Sie folgten einander, ein Gelächter nach dem anderen, das von den geschwungenen Tunnelwänden widerhallte und immer lauter und immer spöttischer wurde. Sie lachten über ihn – wer auch immer sie waren – und ihr Lachen steigerte sich zu Schreien in seinen Ohren. Um dann zum Schweigen zu gelangen, musste er selbst schreien. Und er legte die Hände an die Ohren und schloss die Augen fest – und plötzlich hörte das Lachen auf. *Alles* hörte auf.

Er lag angespannt da und lauschte. Nein, nicht alles. Es gab einige Geräusche. Irgendwo in der Ferne konnte er das Bzz-bzz-bzz einer Zikade hören. Es klang scharf in der Sommernachtluft. Er rollte sich herum, spürte die frischen Laken unter sich, das weiche Kissen, das Rascheln der leichten Decke. Wo?...

Und dann wurde es ihm klar. Er war in seinem Zimmer und wartete, wartete und erwartete.

Vati! Ganz plötzlich wusste er, dass Papa nach Hause gekommen war. Im dunklen Haus war kein Laut zu hören; Er hatte nicht einmal gehört, wie der Jet-Wagen in die Garage fuhr, und auch nicht, wie die Haustür quietschte. Aber er hatte trotzdem gewusst, dass Papa hier war. Er blinzelte in der Dunkelheit und ein leichter Schauer der Angst lief ihm über den Rücken. Es war so dunkel, und er mochte die Dunkelheit nicht, und er wünschte, Papa würde heraufkommen und das Licht anmachen. Aber Papa hatte seit Mamas Tod gesagt, dass er ein tapferer kleiner Mann sein muss, auch wenn er erst vier Jahre alt war ...

Er lag und zitterte. Es gab noch andere Geräusche: draußen vor dem Fenster, im Zimmer – beängstigende Geräusche. Es war schön und gut, ein mutiger kleiner Mann zu sein, aber Papa verstand die Dunkelheit und die Geräusche einfach nicht. Und Papa verstand nicht, wie er wollte, dass ihn jemand festhielt, kuschelte und ihm etwas zuflüsterte.

Und dann hörte er Papas Schritte auf der Treppe und spürte, wie er näher kam. Er drehte sich herum, kicherte und tat so, als würde er schlafen. Nicht, dass er Daddy eine Minute lang täuschen würde. Papa würde schon wissen, dass er wach war. Sie spielten Abend für Abend das gleiche Spiel. Aber es hat Spaß gemacht, solche kleinen Spiele mit Papa zu spielen. Er wartete und lauschte, bis er hörte, wie sich die Tür öffnete und Schritte sein Bett erreichten. Er hörte Papas Atem. Und dann drehte er sich um, warf die Decke ab und sprang wie ein kleiner weißer Geist auf und schrie: „Boo! Habe ich dir Angst gemacht, Daddy?"

Und dann nahm Papa ihn auf seine Schultern, lachte und sagte, er sei ein großes weißes Pferd, das gekommen sei, um den kleinen Jeff auf eine lange Reise zu tragen. Also machten sie sich auf den langen Weg ins Arbeitszimmer, um Milch und Kekse zu holen, so wie sie es immer taten, wenn Papa nach Hause kam. Er wusste natürlich, dass Papa keine Milch wollte. Papa hat nachts nie Milch mit ihm getrunken. Papa interessierte sich viel mehr für die lustigen Karten, die Karten, die er an jenem Tag vor einem Jahr bei seinem Vater gesehen hatte. Papa ließ ihn sie immer und immer wieder durchgehen ... Kreis, Spirale, Acht, Buchstabe B, Buchstabe R ... *Es war ein Buchstabe R, Papa? Aber es kann nicht gewesen sein, ich weiß – oh, du versuchst mich zu fangen! Können wir jetzt mit den Murmeln spielen, Papa? Oder die Würfel heute Abend? Die mit den runden Ecken sind viel einfacher, wissen Sie.*

Aber Papa beobachtete ihn, während er die Karten las, die Nase rümpfte und die Zahl rief. Und er würde sehen, wie Papa jedes richtige und jedes falsche notierte. Und dann spürte er, wie Papa fast vor Glück und Zufriedenheit strahlte. Und er wartete sehnsüchtig darauf, dass Papa die Würfel herausholte, weil sie so viel mehr Spaß machten als die Karten. *Die eckigen Würfel, Papa? Oh, Papa, sie sind so viel härter. Oh, ein anderes Spiel, ein neues? Oh, gut, Papa. Bringen Sie mir bitte ein neues Spiel mit ihnen bei. Ich werde mich sehr bemühen, dass sie richtig herauskommen.*

Und dann, nach dem neuen Spiel, erzählte ihm Papa vor dem Schlafengehen eine Geschichte. Es war eine seiner lustigen Geschichten, in der er die Geschichte *erzählte*, aber all den Spaß, die Witze und die privaten Dinge ohne Worte einbrachte.

Es war lustig. Keiner der anderen, wie Mary Ann weiter unten, konnte ihre Väter so spüren wie er. Manchmal wunderte er sich darüber. Er würde es Mary Ann als besonderes Geheimnis erzählen, aber sie wollte ihm nicht glauben. „Niemand kann seine Väter hören, ohne dass ihre Väter reden", sagte sie. Aber er wusste es besser.

Und dann schlichen ihm Gedanken durch den Kopf, Gefühle, die von Daddy kamen und unangenehme Gefühle waren. Plötzlich setzte er sich in Papas Armen auf und spürte, wie die Kälte ihn durchfuhr.

"Vati...."

"Ja, Sohn."

„Warum – warum hast du Angst, Papa? Wovor hast du Angst?"

Und Papa lachte und sah ihn seltsam an und sagte: „Angst? Was meinst du mit Angst?" Aber die Angst war immer noch da. Selbst als er zu Bett ging und Papa ihn wieder verließ, spürte er immer noch die Angst ...

Und dann, plötzlich, geriet er in einen riesigen, tosenden Strudel, der um seinen Kopf herumschwang. Er spürte, wie sich sein Körper in der Dunkelheit drehte, herumwirbelte und ohne Anstrengung davongetragen wurde. Er wusste irgendwie, dass er Jeff Meyer war. Und er wusste, dass die Nadel da war und in seinem Geist herumbohrte; er konnte fühlen, wie es sich näherte und sich zurückzog. Er konnte den Stich des Erkennens spüren, die fast ungreifbare plötzliche Erkenntnis und Erkenntnis einer Wahrheit.

Dann war der Sucher verschwunden: Die Sonde endete in diesem Bereich und ging zum nächsten weiter. Der Strudel war ein Tunnel aus strömendem Wasser, das um ihn herumschwang und ihn blitzschnell nach oben wirbelte ... nach oben ... nach oben; herum, dann mit einem Übelkeit erregenden Rausch nach unten. Dann wieder nach oben, als ob er in einem Zirkus auf der Mauer des Todes reiten würde, immer wieder ... und ihn doch immer näher heranzog ... näher ... näher ...

Wozu?

Er wusste, dass er dagegen ankämpfte und sich mit all seiner Kraft gegen den unmöglichen Strudel wand, der ihn erstickte und ihn wie eine Feder trug. Er ballte die Fäuste und kämpfte, biss die Zähne zusammen, verzweifelt, plötzlich fürchterlich verängstigt, schrecklicher als je zuvor in seinem Leben. Unten am Ende des turbulenten Strudels lag etwas – etwas Schreckliches und Hässliches, etwas, das vor langer, langer Zeit aus seinem Kopf getilgt, ausgemerzt und entsorgt worden war. *Es war etwas, dem er sich nie wieder stellen durfte.* Plötzlich schrie Jeff und versuchte, seine Gedanken an diesen Ort zurückzudrängen. Er versuchte verzweifelt, sich zu erinnern, versuchte zu erkennen, wohin der Strudel ihn führte, bevor es zu spät war – *bevor er ihn tötete!*

Dort lag etwas und wartete auf ihn. Es war abscheulicher, als sein Verstand es sich vorstellen konnte – *etwas, das ihn töten könnte* . Näher und näher kam er, hilflos, sein Körper versteifte sich vor Angst, er kämpfte, Blut floss durch seine Adern. Aber er konnte dieser verschlossenen, hektischen Gasse nicht in den Tod entkommen.

Papa hatte Angst. Der Gedanke schoss mit der Wucht eines Blitzes durch Jeffs Kopf. Es lähmte seine Gedanken und verkrampfte seine Muskeln. Papa hatte Angst ... Angst ... *Angst* – so schreckliche Angst.

Der Gedanke durchzuckte ihn und ließ sein Blut erstarren. Er schrie auf, schüttelte den Kopf und versuchte, den durchdringenden Gestank tödlicher Angst zu vertreiben und ihn aus seinem Kopf zu vertreiben. Sein Gesicht verzerrte sich vor Schmerz und sein ganzer Körper war zerrissen. Plötzlich schrie er und schlug mit dem Gesicht auf den Boden. Er war allein und sein Geist war von dieser schrecklichen Angst geplagt und besessen.

Er öffnete die Augen und sah den Rasen unter seinem Kopf. Durch den Schmerz, der ihm durch den Kopf ging, sah er verschwommen die grasbewachsene Wiese, auf der er völlig allein lag. Der kleine singende Bach war nur wenige Meter entfernt. Die Nachmittagssonne stand hoch, aber die Weide hing über ihm und spendete ihm kühlen Schatten. Von irgendwoher sang ein Vogel.

"Vati!" Das Wort löste sich in einem kleinen Schrei von seinen Lippen, und er saß kerzengerade da, sein Haar zerzaust, sein kleines, scharfkantiges Gesicht eines Achtjährigen verzerrt vor Schmerz und Angst, die ihm durch den Kopf gingen. Ein so weit entfernter Winkel seines Gehirns sagte ihm, dass er keine acht Jahre alt, sondern ein erwachsener Mann sei. Aber er sah seine winzigen Hände, schmutzig vom Dreck des Scheunenhofs und der Gasse, durch die er hierhergekommen war. Der Schmerz, die Angst und der Hass, die ihm in den Sinn gekommen waren, hatten ihn hierher getrieben.

Es war Papa. Er wusste, dass es Papa war, und Papa hatte Angst. Papa rannte mit der Verzweiflung eines gejagten Tieres einen Korridor entlang, sein Geist war voller Angst. Er spähte über seine Schulter zurück und atmete stoßweise, als er das Ende des Flurs erreichte, vergeblich an der Tür zerrte und dann dagegen zusammenbrach. Und während er laut schluchzte, liefen Tränen der Angst und Verzweiflung über seine Wangen.

Jeff sah die Tür; Er spürte, wie sich Papas Körper hob und senkte, hörte den wütenden Puls in seinem eigenen Kopf pochen. Er sah den kalten, dunklen Korridor und seine Gedanken wurden von den hektischen Gedanken seines Vaters erfasst, die in einem Rausch fortgetragen wurden, den er weder verstehen noch ablehnen konnte. Stärker als je zuvor waren seine Gedanken die Gedanken seines Vaters. Er sah durch Papas Augen; er fühlte durch Papas Körper. In der engsten Verbindung, die sie je gekannt hatten, lag Jeff hier auf der Wiese, sein Körper krümmte sich vor Schmerz und Angst, dass Daddy meilenweit entfernt litt.

Sie kommen , schrie sein Verstand. *Gefangen, gefangen – was kann ich tun?* Papa rannte jetzt den Korridor hinauf und sein Blick fiel auf einen Aufzug, der offen stand. Er rannte hinein und tastete verzweifelt nach dem Schalter. Er musste entkommen, musste nach unten, irgendwie auf die Straße! Oh Gott, was für ein Fehler, diesen Ort zu betreten – ausgerechnet ein Bürogebäude, wo sie ihm so leicht folgen, ihn abschneiden und ihm eine Falle stellen konnten!

Warum war er gekommen? Warum? Er hatte gewusst, dass sie ihn jagten , wusste, dass sie immer näher kamen. Aber wie hätte er ahnen können, dass dieser Tag eine Panik auslösen würde, dass der Aktienmarkt an diesem einen Tag seinen Sturzflug machen würde, ohne zu fragen den Finger auf ihn legen, ihn entdecken und seinen Jägern jenseits des Schattens seinen genauen Standort zeigen würden? des Zweifels?

Wie konnte er das wissen? Dies sollte der letzte Test gewesen sein, der Test, um die Kraft zu beweisen, die er in seinem Kopf hatte – die Kraft, die zerstört und zerstört und zerstört hatte. Und es war auf unaussprechliche Weise aus seinem eigenen Kopf gekommen, unkontrolliert, ungläubig und missverstanden. Es war die Kraft, die die Jäger zu ihm geführt hatte.

Aber jetzt nicht! Oh, bitte, bitte, nicht jetzt – nicht, wo er der Antwort so nahe war. Nicht, wenn er so nah war. Langsam brodelte hilfloser Zorn in seinem Kopf. Sie hatten jetzt kein Recht, ihn aufzuhalten. An einem anderen Tag, in einer anderen Woche könnte er die Antwort haben. In ein paar weiteren Tagen hätte er diese furchteinflößende Macht eingedämmt und unter Kontrolle gebracht. Er wusste, dass er die Antwort finden konnte. Er stand am Abgrund. Aber jetzt hatten die Jäger ihn gefangen –

Warum, Papa? Warum jagen sie dich? Oh, Papa, Papa, bitte, ich habe solche Angst! Bitte, Papa, komm nach Hause. Bitte hab nicht so viel Angst, Papa. Ich habe solche Angst....

Der Aufzug machte einen Ruck. Er fiel gegen die Tür, als das Auto zwischen den Stockwerken zum Stehen kam. Verzweifelt drückte er auf den Knopf und wartete lange Ewigkeiten, während das Auto still und regungslos dastand. Dann glitten seine Finger hastig über die Ritzen in der Autotür, suchten Halt und versuchten verzweifelt, die verschlossene Tür aufzureißen.

Er spürte, wie sie kamen, irgendwo über ihm, irgendwo unter ihm. Dann riss etwas in seinem Kopf los; Ein letzter Damm der Kontrolle brach, und er schrie ihnen seinen Trotz entgegen, schrie seinen Hass, seine Bitterkeit. Sie hatten ihn, sie würden ihn ohne Gerichtsverfahren töten, ihn wie einen tollwütigen Hund abschießen. Er spürte, wie sie zusammenzuckten und zurückwichen, als der Strom des Hasses aus seinem Kopf rauschte, fühlte, wie sie zurückwichen. Sie hatten Angst vor ihm, waren aber entschlossen, ihn zu töten.

Ein Ton oben! Er drückte sich flach gegen die Aufzugswand, zerrte mit übermenschlicher Kraft am Metallgitter und versuchte, das Metall aufzudrehen, um einen Weg in den darunter liegenden Schacht zu finden. Jemand kam von oben herab, auf den oberen Teil des Aufzugs; jemand, dessen Geist voller Angst war, der sich aber entschlossen bewegte. Von oben war ein kratzendes Geräusch zu hören, ein dumpfes Klirren von Kabeln, die gegen Kabel schlugen.

Sie könnten das Auto losschneiden.

Er sprang an die Decke des Wagens und suchte mit den Fingern nach der kleinen Fluchttür. Reiner Hass trieb seine Beine, als er immer wieder sprang, bis die Tür aufflog. Seine Hand packte den Rand und er zog seinen Körper hoch. Er riss seine Schultern durch die kleine Öffnung, wuchtete und stürzte sich bis zum Dach des Wagens.

Er schaute auf. Er sah ein Gesicht, ein einzelnes Gesicht, das neblig über ihm hing. Undeutlich erkannte er die Gestalt eines Mannes, der zwanzig Fuß über ihm am Kabel hing. Seine Beine waren um die Kabel geschlungen und eine Hand trug die kleine, matt glänzende Waffe. Sein Verstand schrie Hass auf den Mann, und er packte die Kabel, zerrte daran und schüttelte sie wie einen riesigen Baum. Er sah, wie sich der Mann langsam nach unten bewegte und sich hilflos hin und her drehte, während die Kabel vibrierten. Aber er hielt hartnäckig fest und rückte näher.

Vati! Stopp ihn! Papa, lass nicht zu, dass er dich tötet.

Das Gesicht wurde deutlicher sichtbar: ein schmales Gesicht, ein böses, verzerrt vor Angst und Schmerz. Die Gestalt bewegte sich langsam an den Kabeln entlang, drehte sich langsam, hob den Arm mit der Waffe und versuchte geduldig zu zielen. Es war ein hageres Gesicht mit hohen Wangenknochen, leicht hervortretenden Augen, hoher, flacher Stirn und ergrauendem Haar. *Erinnere dich an dieses Gesicht, Jeff. Vergiss niemals dieses Gesicht, dieses Gesicht ist das Gesicht des Mannes, der deinen Vater abschlachtet.* Hass strömte ihm ins Gesicht; Er duckte sich gegen die Wand des Schachts, zerrte an den Kabeln und versuchte vergeblich, den Mörder loszuschütteln. Er musste ihn zuerst kriegen; er musste ihn aufhalten. *Er ist so nah; er dreht sich um; die Waffe hebt sich. Ich werde ihn nie kriegen –*

Das Gesicht schwebte nahe mit großen Augen – das Gesicht eines Ghuls – und unter dem Gesicht befand sich das stumpfe, runde Loch der Gewehrmündung, nur wenige Zentimeter entfernt. Ein Finger spannte sich. Ein schrecklicher Blitz kam direkt in die Augen –

Vati!

Die Gedanken kreischten durch seinen Kopf: der bittere, nackte Hass, der Hass des Wahnsinns, der in einem letzten sengenden Inferno ausströmte. Dann kam ein widerwärtiges Ruck, ein Ruck wahnsinniger Angst und Hass. Und da wurde ein Licht ausgelöscht und die Dunkelheit zurückgelassen ...

Vati! Nein, Papa. Nein, ich kann dich nicht mehr spüren, Daddy. Was haben sie dir angetan? Oh, bitte, Papa, rede mit mir. Sprechen Sie mit mir. Nein nein Nein. Oh, Papa, Papa, Papa ...

Dr. Schiml blickte nach langer Zeit von der blassen, am Boden liegenden Gestalt auf; Auf seiner Stirn standen Schweißperlen. Die Farbe war fast vollständig aus Jeffs Gesicht verschwunden und seine Haut hatte einen wachsartigen Schimmer angenommen. Sein Atem war so flach, dass er in dem stillen Raum kaum zu hören war, und die flackernden Lichter waren fast völlig still geworden.

„Es geht noch nicht weiter", sagte Dr. Schiml mit heiserer Stimme. „Wir müssen warten." Er drehte sich um und ging durch den Raum, wobei er versuchte, den Blick von der auf dem Bett liegenden Gestalt abzuwenden; Doch überall, wo er hinging, schien es, als ob seine Augen den idiotischen Blick in den leeren Augen des Mannes bemerkten. „Na ja , ich muss warten", wiederholte er und seine Stimme klang fast wie ein Schluchzen.

KAPITEL DREIZEHN

Paul Conroe bewegte sich zum ersten Mal, fuhr sich mit der Hand durch sein dichtes graues Haar und blickte zu Schiml auf . „Einiges davon ist mir auch jetzt noch bewusst geworden", sagte er schwach. Auch sein Gesicht war aschfahl und seine Augen waren gehetzt. „Zu denken, dass er mich so sehr gehasst hat und *warum* er mich gehasst hat …" Er schüttelte den Kopf und vergrub sein Gesicht in seinen Händen. „Ich wusste nie etwas über den alten Mann und den Sohn. Ich wusste es einfach nie. Wenn ich es gewusst hätte, hätte ich es nie getan."

Der Raum war für einen langen Moment still. Dann blinzelte Schiml Conroe an, seine Hände zitterten. „ Das ist also die enorme Kraft, der Mutantenstamm, den wir schon so lange aufzuspüren versuchen."

„Das ist eine der gewaltigsten Kräfte", antwortete Conroe müde. „Jeff hat wahrscheinlich alle Kräfte, die sein Vater hatte, obwohl sie noch nicht ganz ausgereift sind. Sie sind nur latent vorhanden und warten auf die Zeit, die die Gene von seinem Körper zur Erfüllung verlangen. Mehr nicht. Und andere Menschen haben die gleichen Kräfte." Hunderte, Tausende anderer Menschen. Irgendwo, vor hundertfünfzig Jahren, gab es eine Veränderung – eine kleine Veränderung bei einem Mann oder einer Frau."

Schiml auf , der gehetzte Blick lag immer noch in seinen großen Augen. „Übersinnliche Kräfte – kein Zweifel, ein echter Mutantenstamm, aber gebunden an einen Schläfer – ein schwarzes Gen, das Wahnsinn bedeutet. Aus einem wurden zwei und aus zwei wurden vier – übersinnliche Kräfte und genbedingter Wahnsinn. Immer." zusammen, wachsen, heimtückisch wie ein Krebsgeschwür. Und es frisst die Wurzeln unserer Zivilisation aus."

Er stand auf, ging durch den Raum und starrte auf den blassgesichtigen Mann im Bett. „ Das beantwortet so viele Dinge, Roger", sagte er schließlich. „Wir wussten natürlich, dass der alte Jacob Meyer einen Sohn hatte. Wir vermuteten damals sogar, dass der Sohn einige seiner Kräfte teilen könnte gegenseitige Beziehung. Nur der Sohn war so jung, dass er nicht verstehen konnte, was los war. Er wusste nur, dass er Daddy „spürte" und wusste, was Daddy dachte. Eigentlich war alles, was im Kopf seines Vaters vorging – alles – so auch in seinem Kopf. Zumindest auf dem Höhepunkt des Wahnsinnszyklus des alten Mannes …"

Schiml blickte scharf auf. „Dann besteht für Sie kein Zweifel daran, dass der alte Mann verrückt war?"

Conroe schüttelte den Kopf. „Oh nein. Es gab keinen Zweifel. Er war wirklich verrückt. Eine psychiatrische Analyse seines Verhaltens reichte aus, um mich davon zu überzeugen, auch wenn es nicht so war, ihm zu folgen und ihn zu beobachten. Er hatte einen regelmäßigen Zyklus von Hochgefühlen und... Depression, so regelmäßig, dass man sie fast messen konnte. Er hatte die Symptome der Psychose sogar selbst während seiner Studienzeit bemerkt. Aber natürlich hatte er nicht erkannt, was es war. Er wusste nur, dass er zu bestimmten Zeiten schien von diesen seltsamen Phänomenen umgeben zu sein, die in den Momenten, in denen er sich auf dem Gipfel der Welt in Hochstimmung fühlte, schnell und regelmäßig auftraten. Und zu anderen Zeiten schien er eine Aura der Depression mit sich zu tragen. Eigentlich, wenn er ins Schwärzeste geriet In den Tiefen seiner Depressionen würde er ganze Wellen von Selbstmorden und Depressionen auslösen – Fehler und alles andere."

Conroe holte tief Luft. „Das alles wussten wir damals natürlich. Was wir nicht wussten, war, dass der alte Mann selbst nach der Antwort gesucht hatte, aktiv danach suchte. Wir wussten nur, dass er tatsächlich der gefährlichste lebende Mensch auf der Erde war." und dass er bis zu seinem Tod immer gefährlicher werden würde – gefährlich genug, um die Wurzeln unserer Zivilisation zu erschüttern."

Schiml nickte langsam. „Und Sie sind sicher, dass sein zerstörerischer Einsatz seiner Macht eine direkte Folge des Wahnsinns war?"

Conroe runzelte die Stirn. „Nicht ganz", sagte er nach einem Moment. „Eigentlich kann man nicht sagen, dass Jacob Meyer seine außersinnlichen Kräfte ‚eingesetzt' hat. Es handelte sich größtenteils nicht um die Art von Kräften, die er entweder kontrollieren oder ‚nutzen' konnte. Das waren Kräfte der Art, wie sie gerade erst entstanden sind. Er hatte eine Macht, und wenn er in Höchstform war – in einer Zeit der Hochstimmung, als alles auf der Höhe der Welt war –, funktionierte die Macht. Er strahlte die Kraft, die er in sich trug, förmlich aus. und je höher sein Hochgefühl stieg, desto gefährlicher wurde die Macht."

Conroe blieb stehen und starrte lange auf das Bett. „Das Höllische daran war, dass es überhaupt nicht mit einer menschlichen Kraft in Verbindung gebracht werden konnte. Wie kann ein einzelner Mensch schließlich einen überwältigenden Einfluss auf den Verlauf eines Geschäftszyklus haben? Das kann er natürlich nicht, es sei denn Er ist ein Diktator oder eine ungeheuer mächtige Person auf einem anderen Gebiet. Und Jacob Meyer war weder das eine noch andere. Er war ein einfacher, halb verhungerter Statistiker mit einem Haufen Ideen, die er selbst nicht einmal verstehen, geschweige denn an irgendjemanden verkaufen konnte, der es könnte irgendetwas mit ihnen machen. Oder wie kann ein Mann *allein durch seine Nähe* den Ausschlag geben, der den Aktienmarkt in einen fast irreparablen Einbruch stürzen lässt?"

Conroe beugte sich vor und suchte nach Worten. „Jacob Meyers Psychokinese war nicht die Art von Telekinese, die wir vor ein paar Stunden in diesem Raum gesehen haben, wie Jeff sich gegen mich wandte. Er hätte das wahrscheinlich auch geschafft, wenn er mich genug gehasst hätte. Aber wenn Jacob Meyers Geist nur betroffen gewesen wäre." Physikalische Dinge – das Umdrehen einer Karte, das Fallen der Würfel, die Bewegung von Molekülen von einem Ort zum anderen – wäre für ihn ein einfaches Problem gewesen. Wir hätten ihn isolieren und untersuchen können. Aber so einfach war das nicht. "

Paul Conroe lehnte sich zurück und betrachtete Schiml mit großen, traurigen Augen. „Es wäre unmöglich gewesen, es vor Gericht zu beweisen. Wir wussten es und die Regierung wusste es. Deshalb haben sie uns Attentäter ernannt, um mit ihm fertig zu werden. Weil *Jacob Meyers Verstand die Wahrscheinlichkeiten beeinflusste.* Durch seine bloße Anwesenheit in einer bestimmten Zeit Voller Hochstimmung brachte er die normalen Wahrscheinlichkeiten der Ereignisse um ihn herum durcheinander. Wir haben ihn beobachtet, Roger. Es war unglaublich. Wir haben ihn an der Börse beobachtet, und wir sahen, wie die Panik fast in dem Moment begann, als er hereinkam. Wir sahen die Käufer Sie änderten plötzlich und aus unerklärlichen Gründen ihre Meinung und begannen zu verkaufen statt zu kaufen. Wir sahen, was in der Bank of the Metropolis an dem ersten Tag passierte, als wir es für ihn versuchten. Er hatte Angst, sein Geist wurde auf einen Höhepunkt von Angst und Wut getrieben; es begann … An diesem Morgen ging es um einen Banksturm, der das mächtigste Finanzhaus an der Ostküste beinahe in den Bankrott getrieben hätte! Wir sahen den persönlichen, individuellen Einfluss dieses kleinen Mannes auf die internationale Diplomatie, auf die Finanzen, auf das Glücksspiel in Reno, auf das Denken und Handeln des Mannes auf der Straße . Es war unglaublich, Roger.

„Aber sicherlich war Jacob Meyer nicht der Einzige –"

„Oh, es gab sicherlich noch andere. Davon haben wir jetzt, nach all den Jahren des Studiums, eine bessere Vorstellung. Sinneskraft von diesem ursprünglichen Mutantenstamm, jedes Mal mit der damit verbundenen genbedingten Psychose. Und wir haben gesehen, wie unsere Zivilisation gegen diese Tausenden kämpfte, nur um auf den Beinen zu bleiben. Aber Jacob Meyer war der erste Fall von der ganzen, Eine völlige Veränderung in einem Mann, die wir je erlebt hatten. Er tobte wild, sein Geist war völlig verrückt. Und die außersinnlichen Kräfte, die er in sich trug, waren so fest mit dem Wahnsinn verbunden, dass es keinen Unterschied zwischen den beiden gab. Meyer gab einen Tipp Er schickte uns auf die Spur, und die Spur führte zu seinem Sohn, nachdem er tot war …"

„Ja, den Sohn. Wir haben den Sohn." Schiml starrte die flach atmende Gestalt auf dem Bett finster an. „Wir hätten ihn schon früher haben sollen – schon vor Jahren."

„ Natürlich sollten wir das tun. Aber der Sohn verschwand nach dem Tod seines Vaters. Wir wussten nie, warum er verschwand – bis jetzt. Aber jetzt wissen wir, dass wir mehr als nur das getan haben, als wir seinen Vater getötet haben. Wir haben fast unsere letzte Chance dazu vernichtet Fangen Sie dieses Ding und studieren Sie es, bevor es zu spät ist. Denn als wir Jeffs Vater töteten, *töteten wir auch Jeff Meyer*.

Schiml runzelte die Stirn. „Ich kann dir nicht folgen. Er lebt noch."

„Oh, natürlich lebt er noch. Aber kannst du nicht sehen, was mit ihm passiert ist? Er lebte im Kopf seines Vaters; er wusste alles, was sein Vater wusste – aber er verstand es nicht. Er dachte mit den Gedanken seines Vaters: Er sah durch die Augen seines Vaters, weil sie gegenseitig und vollständig telepathisch waren. Er spürte die Angst, Frustration und Verbitterung seines Vaters, als wir ihn schließlich in diesem Bürogebäude einsperrten. Er lag schreiend auf dem Boden irgendwo auf einer Farm, aber tatsächlich war er drin der Geist seines Vaters.

„Es war ein verrückter Geist, ein Geist, der zu den höchsten schreienden Höhen der Manie aufstieg, während er darauf wartete, dass ich herunterkam und ihn töte. Und Jeff war vom Hass seines Vaters umgeben. Er sah mein Gesicht durch die Augen seines Vaters und so." Er konnte verstehen, dass sein Vater abgeschlachtet wurde und dass ich ihn abgeschlachtet hatte. Als die Kugel in das Gehirn seines Vaters eindrang und ihm den Schädel aufschlitzte, spürte Jeff Meyer das auch. Als sein Vater starb, starb auch Jeff – ein Teil von ihm , das heißt. Sie waren ein Geist und ein Teil dieses einen Geistes wurde zerstört.

Conroe hielt inne, seine Stirn war mit Schweiß bedeckt. Im Raum herrschte Stille, bis auf das heisere Atmen des Mannes auf dem Tisch. Conroes Gesicht, als er nach unten blickte, war das eines Geistes.

„Kein Wunder, dass der Junge verschwunden ist", flüsterte er. „Er war durch den Kopf geschossen worden. Er war fast tot. Er muss nach einem solchen Trauma jahrelang unter Schock gestanden haben, Roger. Er muss Jahre damit verbracht haben, auf dieser Farm umherzustreifen, betreut von einer Tante, einem Onkel oder einem Cousin, während er sich langsam erholte. Kein Wunder, dass wir keine Spur finden konnten. Und als er dann wieder gesund wurde, wusste er nur, dass sein Vater ermordet worden war. Er wusste nicht wie, er wusste nicht warum, und er wagte es Erinnere dich nie an die Wahrheit. Denn die Wahrheit war, dass *er* getötet worden war. Alles, was er zu erkennen wagte, war mein Gesicht – eine wiederkehrende, alptraumhafte Halluzination, die aus seinen Träumen aufstieg, ihn auf der Straße plagte und ihn Tag und Nacht quälte."

„Aber du hast ihn gejagt."

„Oh ja, wir haben ihn gejagt. Es war unvermeidlich, dass wir uns früher oder später gegenüberstehen würden. Aber als wir das taten, erlitt ich einen so schrecklichen mentalen Schlag, dass ich nicht einmal hinsehen konnte, um zu sehen, wie er aussah." . Ich konnte nichts anderes tun, als zu schreien und zu rennen. Als er mich an diesem Tag im Nachtclub sah, verlor er völlig die Besinnung. Er brach in Hass und Bitterkeit aus. Und dann beschloss er, mich zu jagen und zu töten, weil ich ihn getötet hatte Vater."

Conroe breitete entschuldigend die Hände aus. „Es schien sinnvoll, diesen Hass und diese Zielstrebigkeit zu nutzen, um ihn hierher zu locken. Aber es war Folter. Er folgte mir mit seinen Gedanken, ohne es überhaupt zu wissen. Es war das Gesicht des alten Jacob Meyer, das mich verfolgte, wohin ich auch ging. Das tat ich." Ich weiß also nicht warum, denn ich wusste nicht, dass Jeff Teil dieses Geistes gewesen war. Und Jeff wusste nicht, dass er diesen Horror mit sich herumtrug und verbreitete, wohin er auch ging."

Conroe lehnte sich zurück, sein Körper schlaff vor Erschöpfung. „Wir brauchten Jeff so dringend. Ja, wir brauchten ihn hier für Tests, für diese Studie. Es war eine lange, mühsame Arbeit, ihn zu studieren, zu beobachten, zu fotografieren und herauszufinden, wie viel von der Macht seines Vaters er hatte. Und Wir haben es nicht gewagt, ihn hierher zu bringen, bis wir sicher waren, dass es sicher war. Und jetzt, nach allem, was er weiß, ist er lebensgefährlicher als sein Vater es jemals war. Es gibt Hunderte, die die Veränderung tragen, zu größeren oder kleineren Teilen, allesamt Gene -mit Wahnsinn verbunden. Und Jeff Meyer ist verrückt wie jeder andere von ihnen. Aber es gibt zumindest Hoffnung, weil wir ihn jetzt studieren können. Denn wenn wir die Funktion des Wahnsinns nicht irgendwie von der Funktion der Psychokinese trennen können, werden wir Ich habe keine Wahl mehr, keine Hoffnung.

Schiml blickte mit großen Augen auf. "Keine Wahl-"

alle zu töten . Den Stamm zu jagen und ihn so rücksichtslos und vollständig vom Angesicht der Erde zu tilgen, dass er nie wieder auferstehen kann. Und damit das erste neue Glied in der Evolution des Menschen auszulöschen seit Anbeginn der Geschichte.

Langsam wanderten Roger Schimls Augen von Jeff Meyers' Gestalt auf dem Bett zu Paul Conroes ernstem Gesicht. "Es gibt keinen anderen Weg?"

„Keine", sagte Paul Conroe.

„Jeff", sagte Dr. Schiml . „Jeff Meyer."

Die Gestalt auf dem Feldbett bewegte sich ganz leicht. Die Augen schlossen sich langsam, öffneten sich dann wieder und wirkten etwas weniger ausdruckslos. Jeffs Lippen öffneten sich zu einem fast unhörbaren Stöhnen, kaum mehr als ein Atemzug.

„Jeff. Du musst mir eine Minute zuhören. Hör zu, Jeff, wir versuchen dir zu helfen. Kannst du das hören? Wir versuchen dir zu helfen, Jeff, und wir brauchen deine Hilfe."

Die Augen wanderten, richteten sich auf Schimls Gesicht. Es waren gehetzte Augen – Augen, die das Grab und darüber hinaus gesehen hatten.

„Bitte, Jeff. Hören Sie zu. Wir sind auf der Jagd. Wir versuchen einen Weg zu finden, Ihnen zu helfen. Sie wissen jetzt über Ihren Vater Bescheid, die Wahrheit über Ihren Vater, nicht wahr?"

Die Augen zitterten, kamen zurück und der Kopf nickte ganz leicht. „Ich weiß", kam die seufzende Antwort.

„Du musst uns sagen, was wir tun sollen, Jeff. Es gibt gute Kräfte hier in deinem Kopf, und es gibt schreckliche Kräfte, verderbliche Kräfte. Wir müssen sie beide finden, herausfinden, wo sie liegen, wie sie funktionieren." Sie müssen es uns sagen, während wir nachforschen – sagen Sie uns, wann wir auf das Gute stoßen, wann wir auf das Schlechte stoßen. Verstehen Sie, Jeff?"

Wieder nickte der Kopf. Jeffs Kiefer spannten sich ein wenig und ein Ausdruck unendlicher Müdigkeit huschte über sein Gesicht. „Machen Sie weiter, Doktor."

Dr. Schiml beugte sich über die entsprechenden Bedienelemente und bewegte das Zifferblatt auf dem Mikrononius . Er bewegte es erneut, beobachtete es und bewegte es erneut. Während er arbeitete, brach ihm feiner Schweiß auf die Stirn, und er spürte, wie Conroes sanfte Augen auf ihm ruhten, wartend und hoffend …

Und dann ertönte ein Wimmern von Jeffs Lippen, ein undefinierbarer Laut, hilflos und kindlich, ein kleiner Schreckensschrei. Dr. Schiml blickte auf, das Herz klopfte ihm bis zum Hals. Jeffs Augen waren wieder weit aufgerissen und starrten leblos, und sein Atem war flach und fadenförmig. Schiml warf einen kurzen Blick auf Conroe und dann wieder zurück. Seine Augen spiegelten die Angst und Anspannung in seinem Geist wider. Und während er arbeitete, sackten seine Schultern nach vorne, bereit für eine Niederlage. Denn was er tat, war unmöglich, und er wusste, dass es unmöglich war. Vor allem aber wusste er, dass es gelingen musste.

KAPITEL VIERZEHN

Er drehte sich wie ein Kreisel, als wäre er von einem riesigen, kräftigen Sprungbrett gesprungen. Er stieg immer höher in die Luft. Als er angespannt dalag, wusste Jeff, dass sein Körper immer noch auf dem weichen Bett lag, doch er spürte, wie seine Füße sich hoben und sein Kopf sank, als er Hals über Kopf durch die Schwärze wirbelte. Und er konnte die winzige Nadel spüren, die suchte, jagte, stimulierte ...

Ein Sirenenlärm ertönte in seinen Ohren: ein schimmernder Schwall kreischender Musikklänge, der ihm kalte Schauer über den Rücken jagte. Dann wurde es zu einem auf und ab heulenden Geräusch, das sich nach und nach zu einem Rauschen in seinem Ohr entwickelte. Irgendwo aus dem ungleichmäßigen Knistern des Lärms hörte er eine Stimme, die ihm heiser ins Ohr flüsterte. Er hielt inne, lauschte angestrengt und versuchte ab und zu, ein Wort zu verstehen.

Er wusste, dass es außerhalb seines Körpers keine Stimmen gab. Da war er sich sicher. Doch er hörte das Geräusch, tiefer in seinem Ohr, lauter und leiser, dann wieder lauter. Es flüsterte ihm zu und trug in den leisen Zischlauten den Ton tiefster Dringlichkeit mit sich. Plötzlich schien es lebenswichtig zu sein, zu hören, was die Stimme sagte, denn die Worte waren eindeutig an ihn gerichtet. Er bewegte sich leicht und lauschte intensiver, bis die Worte deutlich klangen.

Und dann schnappte er nach Luft, ein Gefühl der Panik erfasste ihn. Er hörte die Worte und es waren unsinnige Worte, Geräusche ohne Bedeutung. Etwas regte sich in seinem Kopf, eine vage Erinnerung an unsinnige Worte, an einen schrecklichen Schock. Hatte es einen Schock gegeben? Aber die seltsamen Geräusche machten ihm Angst und trieben ihm die Angst bis ins Mark. Die flüsternden Geräusche waren unheimlich: plappernde Geräusche, Geräusche von Wörtern, die eine Bedeutung *brauchten* und keine hatten – Halbwörter, verstümmelt, verdreht, bedeutungslos.

Vorsichtig öffnete er die Augen und spähte durch die trübe Dunkelheit, um die Flüsterer zu sehen. Sein Blick blieb an zwei formlosen Gestalten hängen, groß und gespenstisch, in schwarzen Gewändern und mit Kapuzen über ihren Gesichtern. Die Figuren stützten sich auf ihre Stöcke und hielten die Köpfe zusammen. Sie plapperten einander mit solch wildem Ernst Unsinn zu, dass sie irgendwie schrecklich lächerlich wirkten. Jeff holte tief Luft und ging auf die beiden Gestalten zu, blieb dann aber stehen, sein Herz hämmerte bis zum Hals.

Denn in dem Moment, in dem er sich auf sie zu bewegte, drehten sich die Gestalten scharf zu ihm um, und ihre unsinnigen Stimmen waren plötzlich für einen kurzen Moment deutlich zu hören. Sie wurden klar und unmissverständlich und voller schrecklicher Bedeutung: „Bleib weg, Jeff Meyer. Bleib weg."

Er blickte sich zitternd um und versuchte, sich zurechtzufinden, einen Orientierungspunkt zu finden. Die vermummten Gestalten wandten sich wieder einander zu und begannen erneut zu plappern. Aber jetzt schienen sie vor einem Torbogen zu stehen – einem düsteren, grauen Torbogen, den sie zu bewachen schienen. Langsam und schlau begann Jeff, sich von ihnen zu entfernen. Aber er beobachtete sie aus verstohlenen Augen, und als er sich entfernte, lichtete sich die Düsternis um ihn herum, und die Dinge waren plötzlich heller. Und dann ertönte Singen in seinen Ohren, freudige Refrains erklangen in fröhlichem Gesang. Ein großes Gefühl der Erleichterung und Selbstgefälligkeit legte sich wie ein Mantel um ihn. Er lächelte, atmete tiefer und begann sich umzudrehen.

„ Was war das, Jeff? Was haben wir geschlagen? "

Er schüttelte heftig den Kopf und runzelte die Stirn. „Bleib weg", murmelte er. „Die alten Männer, sie waren da." Plötzlich spürte er, wie er sich umdrehte, bis er wieder vor den vermummten Gestalten stand und seine Füße ihn unwillkürlich und unaufhaltsam wieder auf sie zubewegten. Und dann verstummten die unsinnigen Worte wieder, bedrohlicher, dieses Mal lauter als zuvor: „Nicht näher, Jeff Meyer. Bleib weg – weg – weg."

„Da kann ich nicht hingehen", murmelte er laut.

„ Warum nicht, Jeff? "

„Sie lassen mich nicht. Ich muss wegbleiben."

„ Was bewachen sie, Jeff? "

„Ich weiß es nicht. Ich weiß es nicht, das sage ich dir. Ich muss mich fernhalten!"

Und dann löste sich der Gesang plötzlich in eine abscheuliche Kakophonie klirrender Geräusche auf, ein Lärm, der ihn fast taub machte. Plötzlich fegte eine riesige Welle um ihn herum. Es war wie eine Brandung am Meeresrand, die aufwirbelte, ihn umgab, ihn einholte und ihn Hals über Kopf durch einen langen, wirbelnden Tunnel schleuderte. Verzweifelt kämpfte er um das Gleichgewicht und fand schließlich wieder auf den Beinen. Doch dann bewegte sich der Boden unter ihm. Er rannte hektisch, bis sein Atem in kurzen Atemzügen ging und sein Blut in seinen Ohren pochte. Dann fing er einen Ast auf, der in seiner Nähe vorbeifegte, und richtete sich auf, während das strömende Wasser unter ihm rauschte.

Der Himmel um ihn herum bedeckte schwarze Wolken. Weit in der Ferne sah er einen blendenden Blitz, der durch den Himmel zuckte und die trostlose, windgepeitschte Landschaft vor seinem geistigen Auge deutlich sichtbar machte, während er sich an den Ast klammerte. Er hörte den Flügelschlag eines riesigen Mönchsgeiers, der vorbeiflog. Und dann begann es zu regnen, ein kalter, durchnässter Regen, der sich durch seine Kleidung fraß und seine Haut durchnässte. Es strömte in Strömen in seine Augen, Ohren und seinen Mund.

Und dann hörte er überall Stimmen. Wie könnte es hier Stimmen geben? Denn es gab keine Menschen, kein Zeichen warmblütigen Lebens. Aber es gab Stimmen, angenehme. Sie kamen von allen Seiten. Er konnte niemanden sehen, aber er konnte sie *fühlen* .

Fühle sie! Er schnappte vor purer Freude nach Luft, schoss eifrig und ungläubig durch seine Gedanken und suchte nach dem plötzlichen Gefühl des perfekten, warmen *Kontakts* , den er gerade gespürt hatte. Und dann wanderten seine Gedanken von einer Person zur anderen, von Dutzenden von Personen, und er konnte sie alle so klar und wunderbar fühlen, wie er seinen Vater jemals gefühlt hatte – scharf und wunderschön.

Er schrie, er schrie vor Freude. Tränen des unstillbaren Glücks rollten über seine Wangen, als er seinen Geist ausstreckte und die Gedanken der Menschen umarmte , die er fühlen, aber nicht sehen konnte. Und er spürte, wie seine eigenen Gedanken aufgenommen, erfasst, umarmt und verstanden wurden.

"Genau hier!" er schrie. „ Schiml , das ist es, verlier es nicht, Mann. Das ist das Zentrum. Ich kontrolliere es. Du hast es jetzt. *Arbeite daran, Schiml. Arbeite daran, mit allem, was du hast.* "

Und dann blickte er auf den schwarzen, bedrohlichen Himmel um ihn herum, und sein Geist lachte und schrie, dass die Wolken verschwinden sollten. Und es gab einen wilden Wirbel der Wolken, und sie brachen auf, und plötzlich strömte die Sonne auf ihn herab. Er warf sich vom Baum und rannte den Hang hinunter. Er verspürte eine wunderbare, überwältigende Freiheit, die er noch nie zuvor gespürt hatte, sein Geist war frei, ungehindert zu schweben und zu schweben. Dem völligen Verständnis aller Menschen stand nun nichts mehr im Wege. Es war ein Geist, der gehen konnte, wohin er wollte, und tun konnte, was er wollte.

Er rannte zum Fuß des Hügels und spürte, wie seine Kontrolle mit jedem Schritt, den er machte, wuchs. Als er den Fuß des Hügels erreichte, wusste er, dass die Schlacht gewonnen sein würde, also rannte er umso schneller.

Und dann, wie in einem schrecklichen Albtraum, tauchten die vermummten Gestalten direkt vor ihm auf und streckten ihre langen, knochigen Finger vorwurfsvoll nach ihm vor. Er fiel aufs Gesicht, als er die überwältigende Warnung in den Stimmen hörte, die ihn trafen. Und er lag zu Füßen der Gestalten und schluchzte, sein ganzer Körper zitterte vor bitterem, hoffnungslosem Schluchzen. Und die dunklen Wolken zogen sich wieder zusammen. Er war zu spät, zu spät.

„ Was bewachen sie, Jeff? “

„Ich weiß es nicht. Ich weiß es nicht. Ich kann nicht durchbrechen."

„ Das musst du, Jeff. Das musst du! Wir haben das außersinnliche Zentrum. Wir haben es gefunden, aber etwas blockiert es. Jeff, etwas hält dich fern. Das musst du." Sehen Sie, was … “

„Ich kann nicht. Oh, ich kann nicht. Bitte zwing mich nicht dazu!"

„ Das musst du, Jeff! “

"NEIN!"

„ Mach weiter, Jeff. “

Er stand auf, blickte die Kapuzengestalten an und kauerte, sein ganzer Körper zitterte. Tief in seinem Kopf spürte er, wie die Nadel sich langsam bewegte und ihn immer näher an die grimmigen Gestalten herandrängte. Langsam bewegten sich seine Füße, eine lähmende Angst, die ihm jedes Quäntchen Kraft abverlangte, um seine Beine funktionieren zu lassen. Und die bedrohlichen Stimmen klangen in seinem Ohr: „Bleib weg, bleib weg. Wenn du leben willst, bleib weg … weg … weg …“

Er rückte immer näher an die verhüllten Gestalten heran und beugte sich vor, um um sie herum auf das graue, gespenstische Tor zu spähen, das sie bewachten – ein Tor voller Schimmel und rostigen Eisenstreben.

Und dann griff er nach oben und warf die Kapuze der ersten Gestalt zurück, starrte auf das Gesicht, das sie verdeckt hatte, und brach in einen Schrei aus.

Es war sein eigenes Gesicht!

Er drehte sich um, warf die andere Kapuze zurück und spähte aufmerksam hin und kämpfte darum, das Gesicht zu erkennen, bevor die Gesichtszüge bis zur Unkenntlichkeit verschwanden. Auch sein Gesicht war unverkennbar. Mit einem Brüllen voller Wut und Frustration streckte er die Hand aus, riss die Hauben ab, riss sie mit jeder Hand eine ab und riss die sie umgebenden Leichentücher weg.

Die Figuren waren Skelette mit seinem Gesicht! Er schlug sie, und sie zersplitterten wie dünnes Glas und fielen in Stücke zu seinen Füßen. Und er streifte seine Füße durch die Trümmer und drehte sich um, um seine Schulter gegen das

Tor zu drücken und sich dagegen zu stemmen, bis es aufschwang und in den rostigen Angeln knarrte. Es schwang auf – *angesichts des Wahnsinns*.

Er schrie zweimal, kurze, hektische Schreie, während er versuchte, seine Augen vor dem verrotteten, sich windenden Schrecken hinter dem Tor zu verbergen.

"Hier!" Er hat geschrien. „Es ist hier. Du bist am richtigen Ort. Das ist es, wonach du suchst. Schneide es aus. Schneide es weg. Bitte, ich kann es nicht länger ertragen."

Seine Füße bewegten sich durch das schreckliche Tor in den wimmelnden, abscheulichen, von Grauen erfüllten Wahnsinn, der dahinter lag. Und er schrie erneut, als er den hellen Blitz sah. Er spürte den zerreißenden, Übelkeit erregenden Ruck, der ihn erfasste und zu Boden warf, durch die langen, gewundenen Kanäle der Dunkelheit, während der Schmerz durch seinen Kopf schoss.

Plötzlich gab es einen weiteren blendenden Blitz und er spürte, wie seine Muskeln und sein Geist zu Staub zerfielen. Er fiel und zitterte und lag hilflos da, während seine Gedanken sich sammelten und in die poröse Erde unter ihm abflossen.

Als er die Augen öffnete, sah er Conroes Gesicht. Einen Moment lang war er angespannt, jeder Muskel verkrampfte sich. Dann entspannte er sich plötzlich, blinzelte und starrte in Conroes Gesicht, seine Augen waren voller Staunen.

„Es tut mir leid, Jeff. Ich kenne die Worte nicht, um dir auszudrücken, wie leid es dir tut." Conroe hatte Tränen in den Augen, und Jeff beobachtete sie und spürte, wie ihm ein Schauer des Staunens über den Rücken lief. Denn Conroe benutzte überhaupt keine Worte und wusste dennoch, *was* Conroe sagen wollte.

Wortlos griff er nach oben, nahm die Hand des Mannes, drückte sie kurz und ließ sie wieder auf die Decke fallen. „Solche Worte gibt es nicht", murmelte er.

„Und dir geht es gut?"

Jeff blinzelte, plötzlich dämmerte Staunen in seinen Augen. „Ich – ich – ich lebe!" Er bemühte sich, sich aufzusetzen, und spürte, wie der Schmerz durch seine Wirbelsäule schoss.

Schiml trat ans Bett und ließ ihn sanft in die Weichheit des Bettes zurückgleiten. „Ja", sagte er glücklich, „du lebst. Und es geht dir gut. Und es ist keine Ironie, dich einen Mercy Man zu nennen." Seine Augen leuchteten in freudigem Triumph. „Du bist ein ganzer Mann, Jeff – so wie du sein solltest – zum ersten Mal in deinem Leben."

Die Worte kamen ihm deutlich verständlich, doch Jeff wusste, dass im Raum kein einziges Wort zu hören war. „Genau wie mein Vater", murmelte er. „Ich habe ihn einfach gespürt, wusste einfach, was er dachte."

Tränen liefen über Schimls Wangen und sein Gesicht war so unendlich glücklich, dass er kaum noch derselbe Mann zu sein schien. Er hob einen Finger, zeigte schweigend auf das Wasserglas auf dem Tisch und sah Jeff an. Jeff richtete seinen Blick auf das Glas, und es erhob sich einen Zentimeter über den Tisch und hing dort, leicht leuchtend im schwachen Licht des Raumes. Anschließend wird es vorsichtig wieder auf den Ständer gestellt.

„Kontrolle", sagte Jeff leise. „Ich habe die Kontrolle."

„Die Macht war an etwas anderes gekettet", sagte Schiml leise. „Du hattest die übersinnliche Kraft, ja, aber sie hing mit etwas zusammen, das dich daran gehindert hätte, jemals die Kontrolle zu erlangen. Ein degenerativer Wahnsinn, ein wesentlicher Bestandteil der übersinnlichen Kraft. Du bist nicht allein, Jeff. Da Es gibt viele Hunderte wie Sie, in mehr oder weniger großem Ausmaß. Conroe ist wie Sie, in sehr begrenztem Maße. Und er sucht seit Jahren nach einer Möglichkeit, die beiden zu trennen. Deshalb sind Sie wirklich ein Mercy Man. Da wussten wir es Es waren zwei Zentren, aber wir wussten nicht, wie wir sie trennen konnten. Wir brauchten dich als Führer, Jeff. Wir mussten das Zentrum des Wahnsinns in deinem Gehirn finden, um es herauszuschneiden und dich zu befreien. Darauf haben wir zwanzig gewartet Jahre lang. Und du bist jetzt frei. Es ist weg. Und jetzt haben wir eine Technik, mit der wir tausend andere wie dich befreien können."

Jeff starrte sie verwundert an. Sonnenlicht strömte durch das Fenster. Auf der anderen Straßenseite konnte er die Krankenzimmertürme des Hoffman Medical Center sehen, weiß und glänzend. Er atmete tief die frische Luft ein und wandte sich wieder den beiden Männern zu, die am Bett standen.

„Dann warst du es, der mich gejagt hat", murmelte er. „Seltsam, nicht wahr. Ich war nicht auf der Jagd nach Conroe. Es war mein Vater, der Geist meines Vaters, der immer noch in meinem Kopf war. Der Geist eines Verrückten …" Seine Augen wurden schmal und er starrte Schiml eindringlich an . „Dann gab es noch andere, die es auch wussten. Blackie wusste es. Sie muss das Mädchen im Nachtclub gewesen sein."

„Das war sie. Ein wenig starkes Make-up, ein wenig leichtes Plastik, das hat genug verändert, um einen zu täuschen. Aber sie wusste nie warum. Hypnotika können mächtig sein und alle Erinnerungen löschen." Er hielt inne und lächelte Jeff an. „Blackie wird die Nächste sein. Wir brauchen sie so sehr bei der Arbeit, die wir erledigen müssen, fast so sehr wie wir dich brauchen. Aber du hast auch Blackie befreit. Sie wird glücklicher sein als je zuvor seit dem Deckmantel des Unglücks." begann vor zehn Jahren, aus ihrem Kopf zu senden. Sie wird bei weitem glücklicher sein.

Stunden später erwachte Jeff erneut im stillen Raum. Die Männer waren verschwunden und die Schatten im Raum wurden länger und sein Geist war voller Gedanken.

„Du kannst gehen, wenn du willst", hatte Paul Conroe vor ihrer Abreise gesagt. „Oder du kannst bleiben, wie du es für richtig hältst. Wenn du gehst, können wir dich nicht aufhalten. Aber wir bitten dich zu bleiben. Wir brauchen dich so sehr."

Es würden noch andere bleiben, dachte Jeff. Der böse Franzose blieb höhnisch, lachend und hasserfüllt und zielte auf das große Geld, das immer in der Zukunft lauerte, ohne sich überhaupt der Gnade bewusst zu sein, die er mit seinem Leben verfolgte. Und Harpo würde bleiben, und alle anderen ...

Und Blackie würde auch bleiben. Armer, hilfloser Blackie – schöner Blackie, verzweifelter Blackie. Für sie gab es einen neuen Mietvertrag. Und es gab keine Möglichkeit zu sagen, wer sie sein würde, nachdem der neue Mietvertrag für sie unterzeichnet worden war.

Und Conroe würde bleiben, befreit nach all den Jahren der Last, die er trug.

Erschöpft und doch glücklich starrte Jeff an die Decke. Er atmete tief die ruhige Luft ein, sein Geist war erfüllt von einem Labyrinth wundersamer Gedanken. Er wusste, dass es sinnlos war, jetzt nachzudenken, dass es wirklich kein Problem mehr gab.

Als er die Augen wieder schloss, wusste er, dass auch Jeff Meyer bleiben würde.